建设社会主义文化强国研究

主　编：马　力　于春福　杨梅枝

副主编：李永国　李国骏　刘盍松

西北工业大学出版社

【内容简介】 本书依据中国共产党第十七届六中全会审议通过的《中共中央关于深化文化体制改革、推动社会主义文化大发展大繁荣若干重大问题的决定》和中央军委《关于大力发展先进军事文化的意见》，围绕建设社会主义文化强国这个中心，主要从建设社会主义文化强国的目标、文化理念、发展道路、内容以及发展军事文化等 14 个方面，分析和研究了我国在文化建设方面取得的成就、现状和对策。本书对广大干部、教师、思想教育工作者和学生学习领会和贯彻落实党的十七届六中全会精神，推动社会主义文化建设和先进军事文化的大发展大繁荣具有参考价值。

图书在版编目(CIP)数据

建设社会主义文化强国研究/马力，于春福，杨梅枝主编．—西安：西北工业大学出版社，2012.3

ISBN 978-7-5612-3331-3

Ⅰ.①建…　Ⅱ.①马…②于…③杨…　Ⅲ.①社会主义—文化事业—建设—研究—中国　Ⅳ.①G120

中国版本图书馆 CIP 数据核字(2012)第 050592 号

出版发行：西北工业大学出版社
通信地址：西安市友谊西路 127 号　　**邮编**：710072
电　　话：(029)88493844　88491757
网　　址：www.nwpup.com
印 刷 者：陕西向阳印务有限公司
开　　本：727 mm×960 mm　1/16
印　　张：11.25
字　　数：185 千字
版　　次：2012 年 3 月第 1 版　　2012 年 3 月第 1 次印刷
定　　价：26.00 元

本书编委会

主　编　马　力　于春福　杨梅枝

副主编　李永国　李国骏　刘盍松

编　者　马　力　于春福　杨梅枝　李永国
　　　　李国骏　刘盍松　王　鹏　王　衡
　　　　王晓军　王勤明　孙家荣　劳　侠
　　　　吴星源　宋伟宏　张中元　武颖娟
　　　　贾　艳　贾义春　徐树森　郭运河
　　　　彭国兴　谭燕妮

前　言

2011 年 10 月，中国共产党第十七届六中全会审议通过了《中共中央关于深化文化体制改革、推动社会主义文化大发展大繁荣若干重大问题的决定》，这是中国共产党成立以来第一次由党的中央委员会全体会议研究部署文化建设与发展。党的十七届六中全会，从中国特色社会主义事业总体布局的高度，研究部署深化文化体制改革、推动社会主义文化大发展大繁荣，提出努力建设社会主义文化强国的宏伟目标。全面部署了深化文化体制改革、推动社会主义文化大发展大繁荣的各项工作，发出了进一步兴起社会主义文化建设新高潮的动员令。全会的决定，思想深刻、旗帜鲜明、内容丰富、与时俱进，具有很强的思想性、战略性、针对性、指导性和实践性，是开创中国特色社会文化建设新局面、建设社会主义文化强国的总纲领。全会的决定，既对我国未来文化大发展大繁荣具有重要的指导作用，同时也对我国军队和国防建设具有重大的指导意义。

2012 年 1 月，中央军委下发了《关于大力发展先进军事文化的意见》（以下简称《意见》）。《意见》深刻阐述了贯彻党的十七届六中全会精神、大力发展先进军事文化的重大意义，深入分析了新的形势任务对军事文化建设提出的新要求，明确提出了发展先进军事文化的指导思想和目标要求，对发展先进军事文化的主要任务作出了全面部署，是新形势下加强军事文化建设的重要指导性文件。《意见》指出，发展先进军事文化必须全面贯彻党的十七大和十七届六中全会精神，高举中国特色社会主义伟大旗帜，以马克思列宁主义、毛泽东思想、邓小平理论和“三个代表”重要思想为指导，深入贯彻落实科学发展观，紧紧围绕推动国防和军队建设科学发展主题、加快转变战斗力生成模式主线，坚持社会主义先进文化前进方向，坚持我军重视文化建设的优良传统，坚持走具有我军特色的军事文化发展路子，以培育当代革命军人核心价值观为根本任务，以提高部队战斗力为根本着眼点，以保持我军高度团结统一为重要着力点，以满足官兵精神文化需求为出发点和落脚点，以改革创新为动力，进一步激发文化创造活力，为推动国防和军队建设科学发展、有效履行我军历史使命提供强大精神力量，为建设社会主义文化强国作出积极贡献。

推进党的创新理论“三进入”(进入教材、进入课堂、进入学员头脑),是军队院校思想政治建设的重大课题,也是军队院校保持办学治校、教书育人正确方向的根本之举。第二炮兵工程大学组织编写这本教材,目的是帮助广大官兵深刻理解党的十七届六中全会精神,领会精神实质。在编写过程中,围绕着党的十七届六中全会精神和中央军委《意见》,从 14 个方面全面阐述了建设社会主义文化强国的伟大战略。本书论述了建设社会主义文化强国战略的目标、意义、基本要求和路径选择,总结了改革开放以来我党领导文化建设的成就与经验,分析了树立与科学发展观相适应的文化发展理念,阐述了坚持走中国特色社会主义文化发展道路,分析了深化文化体制改革是推动文化大发展大繁荣的强大动力,论述了社会主义核心价值体系、建设公共文化服务体系、加快文化产业发展、加快建设中华民族优秀传统文化的传承体系、加快建设现代传播体系和提升文化软实力的重要意义、内容和途径,论述了加强党对文化事业改革与发展领导的重要意义和措施,阐述了发展先进军事文化的主要内容、必要性和措施。同时,我们把党的十七届六中全会精神与学习贯彻胡锦涛同志“七一”重要讲话精神结合起来,与中央军委《意见》结合起来,与学习贯彻主题主线重大战略思想结合起来,增强官兵发展中国特色社会主义文化和先进军事文化的使命感和责任感,使军队的文化建设走在全社会前列,自觉用全会精神指导实践、推动工作,深入研究提出贯彻落实全会精神的措施办法,加强对先进军事文化建设的组织领导,为推动部队建设科学发展、有效履行使命任务提供坚强思想保证和有力文化支撑。

本书具体编写分工如下:第一章由孙家荣编写,第二章由李国骏、于春福编写,第三章由武颖娟、李永国编写,第四章由王鹏、吴星源编写,第五章由贾义春编写,第六章由谭燕妮、郭运河编写,第七章由彭国兴、王衡编写,第八章由王晓军编写,第九章由劳佚编写,第十章由王勤明编写,第十一章由杨梅枝、徐树森编写,第十二章由刘盍松、贾艳编写,第十三章由张中元、宋伟宏编写,第十四章马力、杨梅枝编写。全书由马力、于春福、杨梅枝统稿。

本书在编写过程中,参考了大量的文献资料,在此向作者一并表示衷心的感谢。由于水平有限,难免有不妥之处,敬请读者指正。

编　者

2012 年 2 月

目　录

第一章　建设社会主义文化强国的战略目标和路径选择 …… 1

一、建设社会主义文化强国战略目标的提出 …… 1
二、提出建设社会主义文化强国战略目标的伟大意义 …… 5
三、建设社会主义文化强国的基本要求 …… 8
四、建设社会主义文化强国的路径选择 …… 11

第二章　改革开放以来我国文化建设的成就和经验 …… 15

一、改革开放到党的十六大我国文化建设取得的成就 …… 15
二、党的十六大以来我国文化建设取得的显著成就 …… 18
三、改革开放以来我国文化建设的经验 …… 22

第三章　树立与科学发展观相适应的文化发展理念 …… 25

一、科学发展观对文化建设的新要求 …… 25
二、社会主义文化建设目前存在的问题 …… 26
三、树立与科学发展观相适应的文化发展理念 …… 28

第四章　坚持走中国特色社会主义文化发展道路 …… 36

一、中国特色社会主义文化发展道路的提出 …… 36
二、中国特色社会主义文化发展道路的内容 …… 39
三、坚持中国特色社会主义文化发展道路的重要性和紧迫性 …… 42
四、坚定不移走中国特色社会主义文化发展道路 …… 45

第五章　深化文化体制改革　为推进文化大发展大繁荣提供强大动力 … 48

一、深化文化体制改革的必要性 …… 48
二、深化文化体制改革必须确立科学的文化体制机制 …… 50
三、深化文化体制改革的途径 …… 52
四、深化文化体制改革应着重把握的问题 …… 54

第六章　构建社会主义核心价值体系是建设社会主义文化强国的根本任务 …… 57

一、深刻认识社会主义主义核心价值体系的重要地位 …… 57

二、充分认清构建社会主义核心价值体系的现实紧迫性 …… 60

三、社会主义核心价值体系的基本内容 …… 63

四、建设中国特色社会主义核心价值体系的主要途径 …… 66

第七章　建设公共文化服务体系　保障人民群众基本文化权益 …… 70

一、公共文化服务体系的内涵及重要地位 …… 70

二、我国公共文化服务体系的现状 …… 72

三、积极构建中国特色的公共文化服务体系 …… 78

第八章　加快发展文化产业　推动文化产业成为国民经济支柱性产业 …… 82

一、文化产业的内涵及我国文化产业发展现状 …… 82

二、党中央关于加快发展文化产业战略决策的形成过程 …… 86

三、我国加快发展文化产业的重大意义 …… 88

四、我国加快文化产业发展的主要任务 …… 91

第九章　加快建设中华民族优秀传统文化的传承体系 …… 96

一、中华民族优秀传统文化的内涵及基本精神 …… 96

二、加强对中国传统文化的保护和发展 …… 101

三、积极建设优秀传统文化传承体系 …… 102

第十章　加快建设现代传播体系　提高文化传播力 …… 107

一、现代传播体系的内涵及构建原则 …… 107

二、构建现代传播体系的对策与措施 …… 109

第十一章　提升文化软实力　推动中华文化走向世界 …… 116

一、提升文化软实力,推动中华文化走向世界的重大意义 …… 116

二、提升我国文化软实力的着力点 …… 120

三、推动中华文化走向世界的重要举措 …… 124

第十二章 建设宏大文化人才队伍 …… 130

一、建设宏大文化人才队伍的重要意义 …… 130
二、建设宏大文化人才队伍的基本要求 …… 132
三、建设宏大文化人才队伍的重要举措 …… 135

第十三章 加强和改进党对文化工作的领导 …… 142

一、充分认识加强和改进党对文化工作领导的重要性及紧迫性 …… 142
二、各级党委和政府要以高度的政治自觉担负起推进文化改革发展的政治责任 …… 146
三、加强文化领域领导班子和党组织建设 …… 149
四、努力健全共同推进文化建设工作机制 …… 151
五、改进领导作风和工作方式方法，发挥人民群众文化创造积极性 …… 152

第十四章 大力发展先进军事文化 …… 155

一、深刻认识发展先进军事文化的重要性和紧迫性 …… 155
二、准确把握发展先进军事文化的总体要求 …… 158
三、发展先进军事文化的主要任务 …… 159
四、大力发展先进军事文化的着力点 …… 160
五、军队院校要引领先进军事文化的创新发展 …… 165

参考文献 …… 169

第一章　建设社会主义文化强国的战略目标和路径选择

党的十七届六中全会立足中国特色社会主义事业发展全局，深刻地总结了我国文化建设的历史经验，科学地分析了当前我国文化建设形势，深刻把握我国文化建设实际和发展趋势，着眼于推动我国文化长远发展、实现中华民族伟大复兴，提出了努力建设社会主义文化强国的重大战略思想和目标。这个战略目标，与中国特色社会主义事业总体布局相适应，与建设富强民主文明和谐的社会主义现代化国家目标相衔接，与我国深厚文化底蕴和丰富文化资源相匹配，既顺应时代潮流又体现人民愿望，既符合实际又催人奋进。这个目标吹响了文化复兴的号角，同时也吹响了中华民族复兴的号角。

一、建设社会主义文化强国战略目标的提出

深刻理解党中央提出的建设社会主义文化强国的战略目标，首先要理解这个战略目标提出的背景，也就是我国中国特色社会主义事业面临的国际国内形势，其次要理解这个战略目标提出的过程。

1. 建设社会主义文化强国战略目标提出的历史背景

党中央提出建设社会主义文化强国战略目标有国际国内两大背景，是党中央在准确把握我国经济社会发展新要求、当今时代文化发展新趋势、各族人民精神文化生活新期待的世情、国情基础上，制定的文化大发展大繁荣的宏伟蓝图。当今世界各种思想文化相互激荡，社会文化生活多元多样，如何找准我国文化发展的方位，创造民族文化的新辉煌，增强我国文化的国际竞争力，是摆在我们面前的重大现实课题。建设社会主义文化强国的战略目标，是党中央面对当今世界各种思想文化相互激荡，面对国家发展和人民生活改善对文化发展的要求，面对社会文化生活多样活跃的态势，面对关键时期、攻坚时期，高瞻远瞩，从战略和全局的高度提出来的。

从国际背景看，当今世界正处在大发展大变革大调整时期。随着世界多极化、经济全球化、社会信息化深入发展和我国对外开放不断扩大，东西方思想文化交流交融交锋比以往任何时候都更加频繁，文化在综合国力竞争中的

地位和作用更加凸显。只有形成与我国国际地位相适应的文化实力，才能积极展示中华民族优秀传统文化和我国改革开放的辉煌成就，向世界传播我国祈盼和平发展、建设和谐世界的美好愿望。只有以开阔的视野、博大的胸怀，积极参与世界文化的对话与交流，积极借鉴吸收人类文明优秀成果，才能进一步推动中华文化繁荣兴盛，促进世界文化多样性。近代以来，西方文化在世界上一直占主导地位，对中国的影响很深，虽然给我们带来了一些发展的机遇，但也给我们的民族带来了很多灾难，特别是近170年来，在中西文化交往、碰撞中，我们有很多教训和经验，需要好好总结。同时，随着中国经济社会的快速发展，世界人民对我们寄予厚望，我们也需要研究总结自己的经验，使我们的思想文化走出去，以推动现代人类文明的发展进步。在这样的时代条件下，我们国家既面临着难得的发展机遇，也面临着一些严峻的挑战，迫切需要我们提高文化竞争力。国家面临政治经济安全，也面临文化安全的形势。这时，如何使全党、全国人民思想更加统一、精神更加振奋，从容应对各种挑战，化解各种风险，以创造国家政治经济发展得更好局面就是摆在党和人民面前的重要问题。当前国际经济危机二次探底，出现了失业率高、贸易萎缩等问题，中国在经济危机当中一花独秀并且还有很大的发展空间。但是也应该看到，在我们经济实力不断增长的同时，软实力发展还不够，特别是在国际金融体制改革、国际秩序重建过程当中，我们发挥的作用还十分有限。中华文化的优秀成果如天人合一、和而不同、和谐文化等这些文化资源的国际影响力还有限。中华文化可以弥补西方文化的缺陷，通过发挥我们的软实力在国际经济新秩序构建过程中的作用，为克服经济危机做出更大的贡献。

从国内背景看，今日中国，经济社会发展正经历着深刻变化，全面建设小康社会进入关键时期，深化改革开放、加快转变经济发展方式进入攻坚时期。文化工作在我国革命、建设、改革各个历史时期都发挥了不可替代的重大作用。在新形势下，只有推动社会主义文化大发展大繁荣，才能为继续解放思想、坚持改革开放、推动科学发展、促进社会和谐提供思想保证、精神动力、舆论支持和文化条件。当前我国社会经济发展到了一个新的阶段，我们的经济、社会和政治建设都获得了长足的进步，受到世界人民的广泛关注。我们正处在全面建设小康社会的关键时期，也是深化改革开放、转变经济发展方式的攻坚时期。但是，我们的思想文化建设在国际上影响还很小。我们对经济发展模式、政治发展模式以及社会发展模式的研究还不够，还没有提升到思想文化的高度来认识。而且，随着经济基础、社会条件、思想观念的深刻变化，新技术的广泛应用，传播方式改变带来的巨大影响，大大增加了凝聚全民族的共识和发挥创造力的难度。而文化作为一个民族共同的财富，具有化解矛盾的功效。同样，在当今国际竞争平台上，谁占据了文化的发展制高点，谁就能更好地占有主动权，这已经成为普遍共识。当前，世界各国都在关注我们、研究我们，而我们在这方面的研究却显得比较落后。这就需要我们认真加以研究，把中国道路、中国经验总结好，提升到思想文化的高度，包括中国现代的经济思想、政治思想、社会思想、文化思想等，使之理论化、系统化。此外，人民群众在物质生活条件不断改善的同时，精神文化生活的要求越来越高，这就要求我们必须大力加强文化建设，以满足人们的精神文化需求。这样的阶段、这样的形势，波澜壮阔的伟大事业呼唤文化建设更大发展，奋发向上的人民群众期待精神产品更为丰富，特别需要我们大力繁荣发展社会主义文化。文化给人以生活的方向感和人生的价值感，一个有文化追求的民族才是一个令人尊重的民族。在中国经济社会发展到目前这样一个节点上，我们要以更大的智慧、更大的创造，更好更科学地推动我国体制制度改革，推动我国经济社会健康平稳、可持续发展。我们提出全面建设小康社会的目标，不仅包括经济发展的目标，也包括文化软实力大幅提升、文化艺术高度发展繁荣、人民的精神生活更加充实健康等目标。改革开放几十年的发展告诉我们，国家经济社会的发展不能只依赖于经济，还需要与之相适应的文化力量。党的十七届六中全会提出“文化强国”的战略目标，使得全面建设小康社会的目标更为清晰，更好地体现了社会主义的本质要求，开辟了实现中华民族伟大复兴的广阔道路。

综观国内外形势，文化越来越成为民族凝聚力和创造力的重要源泉，越来越成为综合国力的重要因素，越来越成为经济社会发展的重要支撑，丰富精神文化生活越来越成为我国人民的热切愿望。我国文化发展面临着重大的历史机遇，也承载着崇高的历史使命。

2. 建设社会主义文化强国战略目标提出的过程

早在2002年，党的十六大作出战略部署：根据社会主义精神文明建设的特点和规律，适应社会主义市场经济发展的要求，推进文化体制改革。5年之后，党的十七大从中国特色社会主义经济建设、政治建设、文化建设、社会建设四位一体总体布局的高度，提出深化文化体制改革，兴起社会主义文化建设新高潮，推动社会主义文化大发展大繁荣。

一手抓公益性文化事业，一手抓经营性文化产业，是党的十六大以来文化建设认识上的一个重大突破、文化改革发展实践上的一个重大创新。9年间，一系列针对文化改革发展总体布局的举措蓬勃展开，从2005年党中央、国务院出台《关于深化文化体制改革的若干意见》，到2006年新中国第一个专门部署文化建设的五年发展规划——《国家"十一五"时期文化发展规划纲要》——的公布,再到2009年我国第一部文化产业专项规划——《文化产业振兴规划》——颁布实施,一直到2010年10月党的十七届五中全会通过的《中共中央关于制定国民经济和社会发展第十二个五年规划的建议》对"十二五"时期文化改革发展作出部署,这一切使文化创造活力竞相迸发,让文化创造源泉充分涌流,极大地丰富了亿万人民的精神文化生活。这9年是文化发展焕发激情、充满活力的9年,是文化事业加大投入、加快建设的9年,是文化产业健康向上、迅速发展的9年,是文化建设姹紫嫣红、开创新局面的9年。"十二五"规划纲要从推进科学发展的高度提出未来5年我国文化发展目标任务,此时,人们深刻地认识到:顺利实现"十二五"时期奋斗目标,全面建成惠及十几亿人口的更高水平的小康社会,需要加快推进文化改革发展,推动文化建设与经济建设、政治建设、社会建设以及生态文明建设的协调发展;人们冷静地认识到:当今世界综合国力竞争一个显著的特点就是文化的地位和作用更加突出,需要大力弘扬中华优秀传统文化、大力发扬社会主义先进文化,不断扩大中华文化国际影响力,形成与我国国际地位相称的文化软实力,在日趋激烈的综合国力竞争中赢得主动;人们清醒地认识到:当前我国文化建设同经济发展和人民日益增长的精神文化需求还不完全适应,同推动科学发展、促进社会和谐的要求还不完全适应,同扩大对外开放的新形势还不完全适应,需要从战略上研究和部署文化改革和发展问题,以改革创新的思路和更有力的政策措施推动文化又好又快发展。就是在这样的时刻,党中央放眼国际、审视国内,高瞻远瞩,运筹帷幄,凝聚共识,把深化文化体制改革、推动社会主义文化大发展大繁荣提到中国特色社会主义伟大事业发展的日程上来,进一步为全党全国各族人民建设和发展中国特色社会主义提供强大精神力量。

从2011年4月起,胡锦涛总书记等中央政治局常委带着对文化建设的深刻思考,深入城市社区、企业车间、田间地头、学校课堂、文化单位,就新形势下推动文化改革发展的重大问题进行认真细致的调查研究、实地考察,并广泛征求意见,结合围绕一系列重大问题的专题研究及成果报告,深入讨论研究,最后形成了凝聚着全党全国人民集体智慧的十七届六中全会《中共中央关于深化文化体制改革、推动社会主义文化大发展大繁荣若干重大问题的决定》,科学概括和深刻阐述了中国特色社会主义文化发展道路,明确提出了努力建设社会主义文化强国的战略目标。这是一篇与时俱进的文化宣言,这是一幅着眼长远的宏伟蓝图,这是一份关注民生的行动纲领。

二、提出建设社会主义文化强国战略目标的伟大意义

深刻认识建设社会主义文化强国战略目标对我国社会发展，对中国特色社会主义伟大事业都具有重要意义。建设社会主义文化强国战略目标的提出，标志着中国特色社会主义建设进入了意义深远的文化强国时期。这个战略目标是在总结我们党文化建设丰富的实践经验基础上，审时度势，集中全党智慧而提出的，为更好地凝聚人心、为坚持和发展中国特色社会主义提供强大的精神支柱，对中国特色社会主义和中华民族复兴的伟大事业具有重大而现实的意义。同时，这个战略目标集中地反映了作为马克思主义政党的中国共产党坚持中国特色社会主义道路，能动地驾驭社会变革，自觉地推进社会进步的本质特征，对于中国更好地面向未来、走向世界，最大限度地发挥人民群众作为社会变革主体的重要作用，有着重要的理论与实践意义。

1. 文化强国战略目标的提出，标志着中华民族文化自觉与自信的空前高涨

五四新文化运动的兴起，代表着中华民族第一次追求现代性文化的自觉与自信：①经济发展对先进文化具有催生作用；②传统文化有着自身革故鼎新、寻求现代启蒙的诉求；③知识精英热衷于文化“舶来品”的传播；④“文化救国”成为新文化运动的主旨。党的十一届三中全会召开后的改革开放初期，中华民族的文化自觉与自信深刻地反映在：①传统文化进入现代化反思领域，一种新的政治文化的澄明，成为推进中国社会巨大变迁的精神动力；②文化多样性逐步输入与被接纳；③以追求转型与发展为主导的社会文化范式，逐渐替代以阶级斗争为主导的社会文化范式；④文化的“祝福意识”渐弱，文化的“忧患意识”趋强。而党的十七届六中全会，从中国特色社会主义事业四位一体总体布局出发，着眼于全面建设小康社会战略全局，对新形势下文化改革发展作出了全面部署，充分体现了我们党在文化上的高度自觉、自信和在政治上的远见卓识，充分反映了全国各族人民的共同愿望。其文化改革的深度与广度充分体现在：①首次从执政党战略的高度确立“文化强国”发展战略，正确认识并恰当处置文化建设这个全局，使中国经济社会的发展进入经济驱动力和文化驱动力等多种力量驱动的时代；②文化事业内涵得到开拓（人民性、公益性、公共性、服务性等），文化产业与资本市场互相链接；③把文化改革作为促进文化大发展大繁荣的首要前提，结合互联网、数字化、信息化、虚拟经济时代特征，全方位地推进文化体制、机制及其政策的改革与创新；④把社会主义核心价值体系作为社会主义先进文化的精髓，融入国民教育、精神文明建设和党的建设全

过程,用社会主义核心价值体系引领社会思潮,在全党全社会形成统一的指导思想、共同理想信念、强大精神力量、基本道德规范。

2. 文化强国战略目标的提出,标志着中国共产党人对科学发展观的内涵有了进一步的深化和开拓

从经济建设、政治建设、社会建设以及生态文明建设到文化建设系统、全面的战略构想,反映了发展从关注物质福利的进步,如人均 GDP 的增长或人均可支配收入的增加,到关注一系列社会指标的改变,如国民健康状况、受教育状况以及公共服务水平方面的提高,再到关注可以归入“生活质量”标题下的非物质特征,如空气质量和水质等环境指标的考量。而今对文化制度安排的关注,如为人民提供更好更多的精神食粮,大力发展公益性文化事业、保障人民基本文化权益,加快发展文化产业、推动文化产业成为国民经济支柱性产业,加快构建有利于文化繁荣发展的体制机制,建设宏大文化人才队伍等,文化既被视为促进物质进步不可或缺的倍增器、精神引擎,又被输入到不同社会所感受到的需求结构中,更被确定为执政党执政为民、实现国强民富的发展方略和软实力。科学发展观内涵得以深化反映在:把更为全面的发展观理解为经济发展观、人类发展观和文化发展观的相互契合;理解为三个一致性,即追求社会发展与人的素质全面发展的一致性、追求物质文明与精神文明发展的一致性、追求财富创造与文化自觉和自信的一致性;理解为把发展政策的目标定为增强广大人民群众的实际拥有能力,而不是单纯追求国家或少数利益群体的财富积累能力。可见,从物质性开发到精神向物质的自觉贯通,它既鲜活地呈现了我国改革开放 30 余年实践推进的历史轨迹,又深刻地展示了党对建立中国特色社会主义思想认知的逻辑深化,更充分地彰显了广大人民群众创造历史的高度自觉与自信。也可以说,文化强国战略目标的提出,是我国科学发展的必由之路。目前我国正处于社会改革、经济转型的关键时期,精神稍有懈怠,就会面临发展停滞不前、甚至倒退的危险。加强文化强国建设,就是要明确科学发展的理念,理清发展思路,达成发展共识,在邓小平理论和“三个代表”重要思想的指导下,深入贯彻科学发展观,加快发展的步伐,昂首阔步“十二五”。有了强大的文化软实力,将有利于我们营造社会发展的国际、国内环境,能够为社会经济发展提供重要支撑。

3. 文化强国战略目标的提出,为构建我国和谐社会提供了重要的精神保证

先进文化与和谐社会是同一枚硬币的两个面,社会和谐不可能来自单一的市场逻辑,先进文化的价值导向、以人为本的文化宗旨、追求每个人全面发

展的精神实质等，与构建和谐社会有着天然一体的联系。和谐文化是和谐社会的重要特征，党的十六届六中全会曾明确指出，建设和谐文化是构建社会主义和谐社会的重要任务。让广大人民群众共享优秀文化成果，构建和谐社会是我们党一直追求的目标。新时期，新情况、新问题、新矛盾不断涌现，提高群众文化水平越来越成为民族凝聚力和创造力的重要源泉，丰富精神文化生活越来越成为我国人民的热切愿望。加强文化强国建设，就是要丰富人民的精神内容，提升人民的精神境界，不断增加社会生活中的和谐因素，为构建和谐中国培育稳定的社会环境、可靠的政治保障和良好的文化条件。

4. 文化强国战略目标的提出，对党永葆先进性将起到重要的促进作用

代表先进文化的前进方向，是党保持先进性的重要保证。我们党走过了91年风雨历程，文化建设在党的先进性建设中始终占据十分重要的位置。我们党高度重视文化建设，始终是中国传统文化的自觉传承者和弘扬者，又是先进文化的倡导者和发展者。我们党历来高度重视利用以思想文化的新自觉、以理论创造的新成果、以文化建设的新成就来推动党和人民事业的发展，在我们党历史上的各个时期，包括革命、改革、建设时期，文化都发挥了不可替代的重要作用。我们党一直在这样对待文化建设，今后也将在现有的基础上进一步推进社会主义先进文化。党的历史证明，什么时候“党的理论、路线、纲领、方针、政策”和各项工作体现了先进文化的发展要求，代表了先进文化的前进方向，党就能保持与时俱进的先进性品质，党就有生命力，党的事业就会辉煌。一个国家强大与否，既取决于经济的硬实力，同时也取决于文化的软实力。只有牢牢把握世界发展的这一趋势，把文化建设放在重要的位置上，切实走在中国和世界文化发展的前列，我们党才能永远立于不败之地。

5. 文化强国战略目标的提出，让中国更加自觉地融入世界、让世界更加全面地了解中国成为可能

文化强国战略的实施，有助于提升中国在世界的核心竞争力。中国文化是中华民族的伟大创造，也是中华民族对人类文明和世界文化的伟大贡献。中国作为发展中的经济大国，要想成为经济强国，必须要有繁荣的文化，要让世界了解中华文化，要有能够走出去的文化企业和产品。我们需要通过国际文化交流合作传播中华文化，使我们的文化赢得尊重、加强沟通，增进理解与合作，使外界全面、准确认识当代中国的真实面貌，为我国的现代化事业创造更加良好的国际环境。随着改革开放的深入发展，随着中外文化交往的日益密切，中国文化的价值和意义必将在各国得到更多的理解和认识。

三、建设社会主义文化强国的基本要求

建设社会主义文化强国，就是要着力推动社会主义先进文化更加深入人心，推动社会主义精神文明和物质文明全面发展，不断开创全民族文化创造活力持续迸发、社会文化生活更加丰富多彩、人民基本文化权益得到更好保障、人民思想道德素质和科学文化素质全面提高的新局面，建设中华民族共有精神家园，为人类文明进步做出更大贡献。

1. 必须全面贯彻党的十七大精神

建设社会主义文化强国，一定要放在党和国家事业发展的全局当中去认识、去思考、去部署，它是党的十七大以来总体战略部署中的一个组成部分，是中国特色社会主义事业总体布局的重要组成部分。没有文化的繁荣发展，就没有社会主义现代化。党的十七届六中全会提出的建设社会主义文化强国的战略目标，明确了当前和今后一个时期文化改革发展的具体任务，鼓舞人心、催人奋进，必将凝聚起亿万人民建设中国特色社会主义文化的智慧力量。

2. 必须坚持科学的指导思想

建设社会主义文化强国战略目标的指导思想是坚定而明确的。这就是要坚持以马克思列宁主义、毛泽东思想、邓小平理论和“三个代表”重要思想为指导，贯彻落实科学发展观。19世纪末20世纪初，鸦片战争以来中国遭受列强的侵略、瓜分、凌辱、蹂躏、掠夺，许多人在担忧，20世纪中国会不会亡国灭族？20世纪过去了，我们不但没有亡国灭族，而且中华民族伟大复兴的曙光应该说已经高高升起来了。一个濒临灭亡的民族，为什么能够实现大跨步的发展，看到伟大复兴的曙光？原因非常多，也非常复杂。但是一个最重要、最根本的原因是什么呢？那就是中国共产党找到了一个真理，这个真理就是马克思主义。中国共产党把马克思主义同中国实践和时代特色相结合，先后产生了毛泽东思想、邓小平理论、“三个代表”重要思想和科学发展观，引领民族一步步振兴，这个真理是经过实践检验的。我们要想建设社会主义文化强国，必须还要有一个正确的指导思想，这个正确指导思想就是马克思列宁主义、毛泽东思想、邓小平理论、“三个代表”重要思想和科学发展观。

3. 必须深入贯彻落实科学发展观

无论是搞经济建设还是文化建设，都要有文化发展思路，这一发展不是单一的发展，而是应该坚持以人为本、全面协调可持续发展和统筹兼顾的发展，要把文化建设放在党和国家的事业全局中思考，要时刻想着人民，还要全面协调可持续、统筹兼顾，这是科学发展。只有科学发展，才能够持续发展。在这

个发展思路的指引下，建设社会主义文化强国一定要坚持以科学发展为主题，坚持社会主义先进文化的前进方向，以建设社会主义核心价值体系为根本任务，以满足广大人民群众精神文化需求为出发点和落脚点，这是对科学发展的进一步要求和诠释。因为科学发展是以人为本，就是以最广大人民的根本利益为本，所以在这里就是以广大人民的根本权益为本。

4. 必须坚持基本标准

建设社会主义文化强国必须坚持的基本标准是：全社会的文化创新活力充分激活，哲学社会科学和文化艺术高度发展繁荣，具有国际影响力、吸引力、广泛传播的文化艺术作品和精品节目不断涌现；文化产业的规模大幅提升，文化产业的竞争力大幅提升，文化产业增加值在 GDP 中占 8%～10%，形成一批世界级、有国际竞争力的跨国文化传媒产业集团，在世界文化产业发展中引领潮流，在世界舆论的竞争中掌握话语权；文化艺术人才辈出，拥有一支规模庞大、结构合理的文化人才队伍，一批具有世界影响力的文化艺术大师和文化产业领军人物，形成有中国特色的文化艺术流派和百家争鸣、百花齐放的文化发展创新的生动活泼局面；文化贸易特别是版权贸易从净进口转变为净出口，从根本上扭转长期以来我国版权贸易逆差严重的尴尬局面，实现从国际文化贸易大国到贸易强国的转变；国家文化软实力大幅度提高，能够提出引领国际经济社会发展潮流的各项议题，在构建国际新秩序中发挥积极作用。

5. 必须坚持远景规划与阶段性目标相结合

文化建设是一个逐步积累、持续发展的过程，需要把远景规划和阶段性目标结合起来。为实现建设社会主义文化强国的战略目标和部署，按照实现全面建设小康社会奋斗目标新要求，党的十七届六中全会提出了到 2020 年我国文化改革发展的奋斗目标：社会主义核心价值体系建设深入推进，良好思想道德风尚进一步弘扬，公民素质明显提高；适应人民需要的文化产品更加丰富，精品力作不断涌现；文化事业全面繁荣，覆盖全社会的公共文化服务体系基本建立，努力实现基本公共文化服务均等化；文化产业成为国民经济支柱性产业，整体实力和国际竞争力显著增强，公有制为主体、多种所有制共同发展的文化产业格局全面形成；文化管理体制和文化产品生产经营机制充满活力、富有效率，以民族文化为主体、吸收外来有益文化、推动中华文化走向世界的文化开放格局进一步完善；高素质文化人才队伍发展壮大，文化繁荣发展的人才保障更加有力。全党全国要为实现这些目标共同努力，不断提高文化建设科学化水平，为把我国建设成为社会主义文化强国打下坚实基础。

就长远目标而言，中华文化源远流长、博大精深，如何在全球化时代发扬光大？当今世界各种思想文化交流交融交锋频繁，国家文化软实力如何在激烈竞争中不断增强？作为我国现代化战略布局的重要一环，文化建设如何成为经济社会发展的硬支撑？正是为了回应这些挑战，党的十七届六中全会提出“着力推动社会主义先进文化更加深入人心，推动社会主义精神文明和物质文明全面发展，不断开创全民族文化创造活力持续迸发、社会文化生活更加丰富多彩、人民基本文化权益得到更好保障、人民思想道德素质和科学文化素质全面提高的新局面，建设中华民族共有精神家园，为人类文明进步作出更大贡献”。建设社会主义文化强国的远景奋斗目标，与我国深厚文化底蕴和丰富文化资源相匹配、与中国特色社会主义事业总体布局相适应、与建设富强民主文明和谐的社会主义现代化国家的目标相衔接，具有强大的感召力和推动力。

从阶段性目标来看，我国的文化改革发展正处于这样的历史方位：一方面，文化领域正在发生广泛而深刻的变革，文化发展取得了巨大成就；另一方面，文化发展同经济社会发展和人民日益增长的精神文化需求还不完全适应，束缚文化生产力的体制机制问题尚未根本解决，文化在引领风尚、教育人民、服务社会、推动发展等方面的作用还没有得到充分发挥，文化的整体实力和国际影响力与我国国际地位还不相称，“西强我弱”的国际文化和舆论格局尚未根本扭转。就此而言，无论是建设社会主义核心价值体系，还是丰富人民需要的文化产品，无论是建立公共文化服务体系，还是构建文化产业大格局，无论是推动中华文化走出去，还是壮大文化繁荣发展的人才队伍，2020 年文化改革发展的阶段性奋斗目标体现了全面建设小康社会目标的新要求，具有很强的前瞻性、战略性、针对性和可操作性，必将为我国建设社会主义文化强国打下坚实基础。

6. *必须贯彻“五个坚持”的重要方针*

文化建设是中国特色社会主义事业总体布局的重要组成部分，文化繁荣发展是全面建设小康社会的重要目标。在新的历史起点上，必须以“五个坚持”的重要方针为指引，沿着中国特色社会主义文化发展道路，我们必将在新的实践中实现文化新跨越，创造文化新辉煌。“五个坚持”指明了文化改革发展的根本指导思想、根本性质、根本目的、根本要求和根本动力，是我们坚持中国特色社会主义文化发展道路，建设社会主义文化强国的基本遵循。“五个坚持”凝结了我们党长期以来领导文化工作的基本经验，凝聚了全党智慧，站在时代发展和战略全局的高度，科学把握我国文化改革发展的特点和规律，抓住了文化建设的关键和根本，体现了新形势下推进文化改革发展的总体要求。

坚持以马克思主义为指导，就是坚持文化改革发展的根本指导思想，要打牢中国特色社会主义文化发展的根基，丰富发展具有中国特色、符合时代发展要求的文化建设理论；坚持社会主义先进文化前进方向，就是坚持文化改革发展的根本性质，坚持为人民服务，为社会主义服务，在思想多样、价值多元、思潮多变的当今社会，不断巩固和壮大社会主义主流思想文化，在全社会形成积极向上的精神追求和健康文明的生活方式；坚持以人为本，就是坚持文化改革发展的根本目的，坚持文化发展为了人民、文化发展依靠人民、文化发展成果由人民共享，让人民成为推动文化大发展大繁荣最深厚的力量源泉；坚持把社会效益放在首位，就是坚持文化改革发展的根本要求，要在文化事业和文化产业全面协调可持续发展中，始终坚持社会主义先进文化的前进方向；坚持改革开放，就是坚持文化改革发展的根本动力，要不断解放和发展文化生产力，为推动文化的繁荣发展提供强大动力。

四、建设社会主义文化强国的路径选择

文化是民族的血脉，是人民的精神家园，是政党的精神旗帜，是国家发展的重要支撑。中国共产党既是中华优秀传统文化的忠实传承者和弘扬者，又是中国先进文化的积极倡导者和发展者，是一个具有高度文化自觉的马克思主义政党，建党 90 多年来，在革命、建设、改革各个历史时期，都高度重视文化建设，充分运用文化引领前进方向、凝聚奋斗力量、推动事业发展。改革开放特别是党的十六大以来，我们党始终把文化建设放在党和国家全局工作的重要战略位置，坚持物质文明和精神文明两手抓，实行依法治国和以德治国相结合，促进文化事业和文化产业共同发展，推动文化建设不断取得新成就，走出了中国特色社会主义文化发展道路。坚持中国特色社会主义文化发展道路，深刻回答了我国文化建设中一系列带有方向性、根本性、战略性的重大问题，这是发展社会主义先进文化、实现中华文化繁荣兴盛的唯一正确道路。

1. 中国特色社会主义文化发展道路是唯一正确道路

第一，坚持中国特色社会主义文化发展道路是由我国社会制度、发展道路和党的性质宗旨决定的。有什么样的社会制度和发展道路，就会孕育和滋养与之相应的文化。实践证明，中国特色社会主义道路，既是一条实现社会主义现代化、创造人民美好生活的正确道路，也是一条不断孕育先进思想文化的正确道路。只有坚持中国特色社会主义文化发展道路，才能确保文化建设沿着正确方向前进，更好地推动文化大发展大繁荣，为坚持和发展中国特色社会主义提供坚强思想保证、强大精神动力、有力舆论支持、良好文化条件。

第二，坚持中国特色社会主义文化发展道路是由中华民族的优秀历史文

化传统决定的。我国的历史文化传统源远流长、博大精深，积淀着中华民族最深层次的精神追求，包含着中华民族最根本的精神基因，代表着中华民族最独特的精神标识，深刻影响着我国文化的未来发展。中国特色社会主义文化发展道路，就是发扬社会主义先进文化与传承民族优秀传统文化相结合的发展道路，就是植根民族历史文化土壤而又面向现代化、面向世界、面向未来的发展道路，最能把中华文化精华与时代精神统一起来、发扬光大。

第三，坚持中国特色社会主义文化发展道路是由我国文化发展规律和人民群众的根本意愿决定的。当前，中国特色社会主义进入一个新的发展阶段，一方面，亿万人民在中国特色社会主义伟大实践中，精神焕发地投身文化建设、进行文化创造；另一方面，我国经济社会发展对文化建设提出了新的更高要求，人民群众对丰富精神文化生活提出了新的更高期待。只有坚持中国特色社会主义文化发展道路，才能科学把握我国文化发展规律，尊重人民群众的文化选择，以更加开阔的视野、更加前瞻的思路、更加有力的举措推进文化改革发展，在全面建设小康社会进程中奋力开创社会主义文化建设新局面。

第四，坚持中国特色社会主义文化发展道路是由增强国家文化软实力的现实需要决定的。当今世界，许多国家都从提高国家核心竞争力出发，把加快文化发展、增强文化软实力作为国家基本战略。随着我国经济快速发展，中国的发展道路得到越来越多人的理解和认同，中华文化的作用和影响引起世界越来越多的关注。同时，我国文化整体实力和国际影响力与我国国际地位还不相称，与我国深厚的文化底蕴还不相称，国际文化格局西强我弱的状况并没有改变。只有坚持中国特色社会主义文化发展道路，才能更加坚定对我们自己文化的信念，极大焕发文化创新创造的活力，把我国丰富文化资源转化为强大文化竞争力，切实提高国家文化软实力，维护国家文化安全，拓展我国的战略利益和发展空间。

2. 中国特色社会主义文化发展道路就是建设社会主义文化强国之路

党的十七届六中全会作出的《中共中央关于深化文化体制改革、推动社会主义文化大发展大繁荣若干重大问题的决定》突出强调的中国特色社会主义文化发展道路，从文化的视角拓展、深化了对中国特色社会主义道路的认识，使中国特色社会主义道路内涵更加丰富和完善。

第一，中国特色社会主义文化发展道路是建设先进文化之路。中国特色社会主义文化发展道路，就是在探索建设先进文化实践中取得的最重要成果，从根本上说就是发展社会主义先进文化之路，也就是以马克思主义为指导，发展面向现代化、面向世界、面向未来的，民族的科学的大众的社会主义文化。

马克思主义作为揭示人类社会发展规律的科学理论，给中华文化注入了先进的思想内涵，是指引文化建设正确方向的根本指针。我们党必须始终坚持马克思主义在意识形态领域的指导地位，坚持用中国特色社会主义理论体系研究解决文化改革发展面临的问题，努力在纷繁复杂的社会文化生态中辨析主流与支流、区分先进与落后、划清积极与消极，正确处理经济效益和社会效益的关系，确保文化建设始终沿着正确方向健康发展。

第二，中国特色社会主义文化发展道路是科学发展之路。科学发展观是马克思主义关于发展的世界观、方法论的集中体现，不仅反映了我们党对当今世界发展趋势和中国特色社会主义事业发展方位的科学把握，而且反映了我们党对当今文化发展趋势和我国文化建设规律的科学把握。党的十六大以来，我们党坚持用科学发展观指导文化建设，努力把全社会文化发展的积极性引导到科学发展上来，逐步形成了符合科学发展观要求的新的文化发展理念，科学回答了中国文化实现什么样的发展、怎样实现发展的重大问题。新的历史条件下推动文化大发展大繁荣，必须深入贯彻落实科学发展观，以科学发展为主题，把科学发展的理念贯穿到工作的各个方面、各个环节。

第三，中国特色社会主义文化发展道路是强基固本之路。社会主义核心价值体系是兴国之魂，是社会主义意识形态的本质体现。文化的力量，很大程度上取决于凝结其中的核心价值体系的力量；不同文化的竞争，很大程度上表现为各自代表的核心价值体系的竞争。以社会主义核心价值体系为内核，用社会主义核心价值体系凝魂聚气、强基固本，是中国特色社会主义文化发展道路的根本标识。推动文化大发展大繁荣，必须把建设社会主义核心价值体系作为根本任务，融入国民教育、精神文明建设和党的建设全过程，贯穿于改革开放和社会主义现代化建设各领域，体现到精神文化产品创作生产传播的各方面，使其成为全体人民的自觉追求，不断巩固全体人民团结奋斗的共同思想道德基础。

第四，中国特色社会主义文化发展道路是以人为本之路。人民是历史的创造者，是文化发展最深厚的力量源泉。我们建设的社会主义文化，是人民大众的文化；中国特色社会主义文化发展道路，是人民群众共建共享的道路。这条文化发展道路，坚定地维护广大人民的文化权益，蕴涵着我国文化建设永恒不变的价值追求，其重要特征就是坚持以人为本、坚持人民至上。推动文化大发展大繁荣，必须自觉贯彻党的群众路线，牢记文化建设的根基和力量在人民，以满足人民精神文化需求为出发点和落脚点，坚持文化发展为了人民、文化发展依靠人民、文化发展成果由人民共享。人民是文化创造的主体力量，要充分尊重人民在文化建设中的首创精神，为人人成为社会主义文化建设者提供广阔舞台，充分挖掘蕴藏于人民之中的文化创造潜能，使全社会的文化创造活力竞相迸发、充分涌流。

第五，中国特色社会主义文化发展道路是改革创新之路。改革创新是坚持和发展中国特色社会主义的强大动力，也是推动文化繁荣发展的强大动力。中国特色社会主义文化发展道路本身就是改革创新的成果，以改革创新为动力是坚持这条道路的必然要求。推动文化大发展大繁荣，必须坚持解放思想、实事求是、与时俱进，坚持百花齐放、百家争鸣，把改革创新精神贯穿文化建设全过程，不断激发文化创造活力，解放和发展文化生产力。现在，文化体制改革已进入攻坚克难的关键阶段，必须牢牢把握正确方向，推动改革在重点领域和关键环节取得新进展。

蓝图已经绘就，道路已经指明。只要我们全党全国人民紧密团结在党中央周围，按照党的部署和要求，满怀信心，不懈奋斗，在坚持和发展中国特色社会主义的伟大实践中努力进行文化创造，建设社会主义文化强国就一定能够实现，中国特色社会主义伟大事业一定能够取得成功，中华民族的复兴也一定能够在中华文化繁荣兴盛中实现。

第二章　改革开放以来我国文化建设的成就和经验

文化是一个民族生存与发展的灵魂，文化建设和发展一方面标志着一个民族的精神状况，另一方面也标志着一个国家的综合实力。文化建设和发展在中华民族的复兴之路上一直起到了重要的作用，为新中国社会发展作出了重大贡献。新中国成立60多年来，中国文化建设走过了不平凡的道路，取得了辉煌的成就。改革开放特别是党的十六大以来，我们党始终把文化建设放在党和国家全局工作的重要战略位置，坚持物质文明和精神文明两手抓，实行依法治国和以德治国相结合，促进文化事业和文化产业共同发展，推动文化建设不断取得新成就，走出了中国特色社会主义文化发展道路，为未来中华文化新的繁荣准备了条件。

一、改革开放到党的十六大我国文化建设取得的成就

自改革开放到党的十六大，我们党始终高度重视文化建设并在改革开放的进程中逐步形成了中国特色社会主义文化建设理论体系，开辟了文化建设的新道路。

第一，文艺创作日益繁荣，文艺成绩斐然。改革开放以来，党和国家提出了一系列促进文化发展的重要文化思想，对文化工作做了重大战略部署，为文艺创作提供了良好的环境，涌现出大量反映时代变迁、极具思想性、艺术性、观赏性的精品力作，也出现了新的艺术形式。戏曲艺术、舞蹈艺术、音乐创作、影视作品、美术、文学书籍等各种艺术门类呈现了较快发展的局面，艺术家们凭着对现实生活的深刻感悟和对时代发展的深刻体会，创作的艺术作品在形式、内容以及精神主旨的表述上、艺术空间的最大利用上以及科技手段在文艺作品的应用上都达到了较高的高度，受到广泛的好评。

第二，全国公共文化服务体系初步建成。改革开放以来，党和国家十分重视群众文化事业的发展，大力建设公共文化服务体系。到党的十六大为止，我国已经初步形成了国家、省、市、县、乡、村六级覆盖城乡的公共文化服务体系。另外，为满足群众文化生活的需要，一批综合性的公共文化服务基础设施陆续

建成并投入使用。社区建立了文化活动中心，农村建立了文化活动室，组织文艺演出、读书看报、影视放映等活动，为广大人民群众提供了免费或仅收取成本费的文化服务，丰富了人民群众的文化生活，保障了人民群众的基本文化权益。

在加强公共文化服务体系建设方面，国家出台了全国文化信息共享工程、全国万里边疆文化长廊建设、广播电视村村通工程等，这些由国家组织建设并推动实施的惠民文化工程不仅丰富了公共文化服务的内容，提高了公共文化服务体系的服务能力，也扩大了体系的覆盖面，创新了服务的方式。同时，作为公益性的文化服务事业，国家和各级政府也加大了投入力度，文化事业费用占财政支出的比例越来越大，特别是对我国的农村地区、边远山区和少数民族地区从人力、物力和财力方面都加大了扶持力度。

第三，文化产业体系逐步形成并长足发展。我国的文化产业起步于改革开放初期，经过多年的快速发展，已经具备一定的规模，逐步形成了包括新闻出版、广播影视业、音像业、演出业、娱乐业、群众文化业、图书馆业、文物业、博物馆业、广告业等在内的综合性文化产业体系，统一、开放、竞争、有序的文化市场体系也逐步建立。文化产业已经成为社会主义市场经济的重要组成部分，文化产业建设取得长足进步。首先，文化产业的政策法规逐步建立，为文化产业的发展提供政策保障，并不断完善文化市场的监管体系和法律体系，保证文化市场的正常运行。其次，文化产业的布局日趋合理。经过多年的发展，我国各地区根据自身的地域和发展特点形成了各具特色的文化产业带，东部地区大力发展文化创意产业，中部地区充分挖掘历史资源，在丰富的历史文化上大做文章，而在少数民族地区，则利用特有的民族文化，大力发展民族文化旅游业。再次，文化产业主体不断壮大。文化产业的发展离不开文化产业主体，随着我国文化体制改革的深入，一大批依靠自主经营的文化企业进入文化市场，在支持和鼓励非公有制经济发展的政策下，民营文化企业也不断发展壮大，基本形成了以公有制为主体的、多种所有制共同发展的文化产业格局。还有，文化产业的国际竞争力有所提升。在“走出去”文化战略的推动下，我国的文化企业积极参与国际竞争，在国际市场上打造出了一批具有民族特色的、拥有自主知识产权的知名文化品牌，提升了我国文化产业的国际竞争力，在扭转文化贸易逆差方面初见成效。

第四，文化体制改革进一步深化。改革开放以来，我国在恢复“文革”前原有文化体制的基础上，进行了文化体制改革。进行文化体制改革，是我国文化建设的必然趋势，只有通过文化体制改革，才能解放和发展文化生产力，增强文化的活力、创造力和生命力，才能保证我国的文化事业和文化产业的稳步发展，才能进一步完善文化市场体系，不断满足人民群众的精神文化需要。经过多年的探索与改革，我国文化体制改革在理论上和实践上都有了很大突破，取得了很好的效果。在理论上，文化体制改革理论不断丰富，文化体制改革的原则、方向、目的、意义、任务和措施都被明确地提了出来。在实践上，我国开展文化体制改革的试点工作，取得明显效果，国有文化事业单位转企改制工作不断深化，文化企业成为文化市场主体，焕发了市场活力，提升了市场竞争力。通过改革体制、创新机制，公共文化服务机构树立了公共文化服务的意识，提高了服务质量。政府文化管理部门也进行了改革，进一步理顺了文化管理部门同文化企业的关系，转变政府职能，改变管理方式，提升管理水平，努力做到政企、政事分开，使文化企业真正成为自主经营的市场主体。

第五，文化遗产的保护工作取得重大进展。中华民族五千年的文明发展史，为我们留下了丰富的物质和非物质的文化遗产，这些文化遗产承载着中国悠久的历史文化传统、民族精神、思维方式、价值观念、生活方式以及民族传统风俗等。保护我国的文化遗产，是对民族传统优秀文化的继承和发扬，有助于我们增强民族自尊心和自信心，有助于维护民族的团结和统一。改革开放以来，国家文化遗产的保护工作取得重大进展。首先，颁布实施《中华人民共和国文物保护法》，明确了文化遗产保护工作的指导思想、目标和具体措施。其次，政府加大了文化遗产保护工作的力度，开展各种形式的文化遗产保护工作。再次，开展了积极的文化遗产国际合作。我国与多个国家签署《关于文化遗产保护合作谅解备忘录》，积极参加国际组织的文化遗产交流与合作，推进我国的文化遗产保护工作。同时，文化遗产保护的宣传力度不断加大，珍惜保护文化遗产的良好氛围在全社会逐步形成。

第六，对外文化交流日益活跃。改革开放以来，我国展开了积极的对外文化交流活动，取得了丰硕成果，文化交流已经成为国家对外交往的重要组成部分。一方面，为配合重大外交活动，国家举办了多项中外文化交流活动，组织了文化年、文化周、文化日等海外文化交流活动；另一方面，为了加强文化交流，我国在海外建立了多个文化活动中心和文化处。在国内举办的一系列大型文化交流活动，产生了良好的国际效应，并成为国际知名文化品牌。同时，我国同世界上多个国家建立了良好的文化交流关系，加强了同联合国教科文组织、世界知识产权组织等国际文化机构的联系与合作。

第七，文化队伍不断发展壮大。改革开放以来，随着文化的繁荣发展，我国文化人才队伍不断壮大，各类文化人才不断涌现。一支包括党政人才、企业经营管理人才、专业技术人才、高技能人才、社会工作人才等在内的规模宏大、结构合理的文化人才队伍逐步形成。另外,改进完善人才工作管理体制、创新人才工作机制逐步建立,文化人才的培养、流动政策也不断健全。在兴起社会主义文化建设新高潮的号召下,广大文化工作者以更加自觉、更加主动的姿态,继往开来,奋发向上,创造中国文化建设的新辉煌。

二、党的十六大以来我国文化建设取得的显著成就

党的十六大以来,全党兴起学习贯彻"三个代表"重要思想新高潮,牢固树立和认真落实科学发展观,大力推进文化体制改革,推进文化事业和文化产业发展,弘扬和培育民族精神,加强未成年人思想道德建设,实施马克思主义理论研究工程,繁荣发展哲学社会科学等。党的十六届四中全会进一步强调坚持马克思主义在意识形态领域的指导地位,不断提高建设社会主义先进文化的能力,党的十七大报告又提出"构建社会主义和谐文化"和文化软实力的概念。党的十六大以来,我们党始终把文化建设放在党和国家全局工作重要战略地位,走出了中国特色社会主义文化发展道路。

第一,新的文化发展理念逐步形成,文化建设的方向更加明确。我们坚持解放思想、实事求是、与时俱进,不断推进马克思主义中国化、时代化、大众化,形成和发展了中国特色社会主义理论体系,为开辟和拓展中国特色社会主义道路、确立和完善中国特色社会主义制度提供了科学理论指导。在推动文化建设的伟大进程中,我们党不断探索社会主义初级阶段文化发展的客观规律,不断增强文化自觉。党的十六大以来,以胡锦涛同志为总书记的党中央对文化发展规律的把握更加深刻,提出了一系列新论断新要求,系统地回答了新时期文化的发展与民族和国家命运的关系,文化建设在中国特色社会主义事业全局中的地位和作用,中国特色社会主义文化发展的方向和目的,文化建设的主要功能、发展路径和动力,文化建设要遵循的方针和原则,文化发展的领导力量和依靠力量等重大问题,进一步丰富和发展了马克思主义文化观,为当代中国文化发展提供了思想遵循和理论指导。

第二,社会主义核心价值体系建设稳步推进,全党全国各族人民团结奋斗的共同思想道德基础更加坚定。我们坚持推进社会主义核心价值体系建设,用马克思主义中国化最新成果武装全党、教育人民,用中国特色社会主义共同理想凝聚力量,用以爱国主义为核心的民族精神和以改革创新为核心的时代精神鼓舞斗志,用社会主义荣辱观引领风尚,巩固了全党全国各族人民团结奋斗的共同思想道德基础。马克思主义理论研究更加深入,中国特色社会主义

理论体系宣传普及力度不断加大，马克思主义意识形态的主导地位更加巩固，广大干部群众坚持中国特色社会主义的信心更加坚定。未成年人思想道德建设和大学生思想政治教育力度不断加大，广大青少年的道德素养日益提升。爱国主义教育基地建设成效显著，红色旅游全面开展，“爱国歌曲大家唱”群众歌咏活动广泛开展，“100位为新中国成立作出突出贡献的英雄模范人物”和“100位新中国成立以来感动中国人物”的评选深入人心，人民群众的爱党爱国意识不断增强，向英雄学习的风气日益浓厚。全国“道德模范基层巡讲”活动影响深远，在全社会形成了学习道德模范的良好氛围。体现社会主义核心价值体系的优秀精神文化产品不断涌现，进一步弘扬了主旋律。优秀传统文化得到进一步弘扬，革命文化焕发出新的光彩。中国特色社会主义意识形态的凝聚力和吸引力进一步增强，全民族奋发向上的斗志更加昂扬，为全面建设小康社会奠定了共同思想道德基础。

第三，艺术创作更加繁荣，优秀文化产品不断涌现。我们坚持为人民服务、为社会主义服务的方向和百花齐放、百家争鸣的方针，弘扬主旋律，提倡多样化，发扬广大人民群众和文化工作者的创造精神，推动优秀文化产品大量涌现，丰富了人民的精神文化生活。通过开展文华奖、群星奖、百花奖、金鸡奖、鲁迅文学奖、茅盾文学奖等一系列评奖活动，组织中国艺术节、全国性比赛、展演等具有导向性的艺术活动，不断加强对文艺创作的扶持和引导。在党的文艺方针政策指引下，广大文化工作者锐意创新，艺术创作观念逐步从封闭走向开放，创作方法从单一走向丰富，创作题材从狭窄走向广阔，表现形式从单调走向多样。文艺创作积极活跃，文学、美术、话剧、歌剧、舞剧、杂技、音乐剧、戏曲、电影、电视等各个艺术门类百花竞放、异彩纷呈，一批思想性、艺术性、观赏性俱佳的艺术精品脱颖而出，为人民奉献了丰富的精神食粮，活跃了城乡群众的文化生活。党和国家也大力扶持文艺创作，支持并资助文艺领域的理论研究、学科建设，提出并实施了国家舞台艺术精品工程、国家重大历史题材美术创作工程、国家昆曲艺术抢救、保护和扶持工程，实施和设立国家重点京剧院团专项资金等，为文艺创作提供平台。这一系列举措的实施不仅推出了大量优秀的艺术作品，也培养了一批优秀的文艺创作人才。文艺创作的繁荣发展使文化创新能力得到了增强，保证了文化发展的活力。

第四，文化体制改革不断推进，文化生产力得到进一步解放。我们坚持推进文化体制改革，创新文化发展理念，解放和发展文化生产力，推动文化事业全面繁荣、文化产业健康发展，大幅度提高了人民基本文化权益保障水平，大幅度提高了文化在经济社会发展中的地位和作用。党的十六大以来，党中央对深化文化体制改革作出了一系列重要决策。根据中央提出的改革目标和任务，广大文化工作者进一步解放思想，不断增强改革的积极性和主动性，坚持以改革为动力，以发展为第一要务，积极探索，勇于创新，各项改革工作取得了明显成效。经营性文化事业转企改制全面推进，截至 2011 年上半年，已有 590 家文艺院团、402 家出版单位、327 家电影公司、595 家非时政类报刊出版单位、32 家省级党报党刊发行机构、52 家电视剧制作机构完成转企改制，29 个省区市已组建省级广电传输网络公司。公益性文化事业单位内部机制改革不断深化，普遍实行了全员聘用制和岗位责任制，保留事业性质的文艺院团实行企业化管理，干部职工的积极性和创造性得到进一步发挥。文化市场综合执法改革取得突破性进展，北京、天津、河北等 14 个省区市已全面完成综合执法改革任务。在 318 个副省级和地级市中，306 个已组建综合执法机构，221 个完成了有关文化行政管理部门的整合。2 640 个区县中，2 053 个已组建综合执法机构，2 037 个完成文化行政管理部门整合。

第五，公共文化服务体系建设不断推进，广大人民群众基本文化权益得到进一步实现。党和政府高度重视公共文化服务体系建设，不断加大财政投入，坚持面向基层、面向农村，积极开展公共文化设施建设，大力实施文化惠民工程，取得显著成效。公共文化服务设施网络不断完善，目前我国共有 3 020 个博物馆、2 884 个图书馆、3 264 个文化馆（群众艺术馆）、40 118 个文化站，基本实现了县县有图书馆、乡乡有综合文化站，初步形成了覆盖城乡的具有便利性、基本性、均等性、普惠性的六级公共文化服务网络。广播电视设施建设取得重大进展，全国共有广播电视播出机构 2 638 个，已建成世界上覆盖人口最多，有线、无线、卫星等多种手段并用的广播电视网，广播人口综合覆盖率达 96.78%，电视人口综合覆盖率达 97.62%。文化资源和文化服务向农村和欠发达地区、少数民族地区倾斜力度逐步加大，乡镇综合文化站建设工程、全国万里边疆文化长廊建设工程、知识工程、蒲公英计划、送书下乡工程、流动舞台车工程、全国文化信息资源共享工程、广播电视村村通工程、农家书屋工程、农村电影数字院线工程等惠民工程先后实施，公共文化服务的覆盖面逐步扩大，城乡、区域公共文化服务的差距不断缩小。公共文化管理体制和运行机制不断创新，公共文化服务能力逐步增强。公共文化设施免费开放工作全面推进，截止到 2010 年底，全国免费开放的博物馆、纪念馆总数达到 1 749 个，2008 年到 2010 年累计免费接待观众达 13.4 亿人次，公共图书馆、文化馆（站）、美术馆免费开放已经启动。文艺院团文化下乡活动深入开展，为广大农村尤其是偏远地区人民群众奉献了精神食粮。群众文化活动丰富多彩，农村和基层文化生活更加活跃。广大人民群众读书、看报、看戏、收听收看广播电视、进行艺术鉴赏、参加文化活动变得更加便捷，享受的公共文化产品和服务更加趋于均等化。

第六，文化遗产保护体系不断完善，优秀传统文化得到进一步弘扬。以《中华人民共和国文物保护法实施条例》和《中华人民共和国非物质文化遗产法》为基础的文化遗产保护法律体系不断完善。第三次文物普查工作取得显著成效，新调查登记不可移动文物 40 多万处，非物质文化遗产普查确定近 56 万个项目，收集了珍贵实物和资料达 26 万多件。国务院先后公布 6 批 2 351 处全国重点文物保护单位，3 批 1 219 项国家级非物质文化遗产名录项目。目前，我国拥有联合国教科文组织颁布的世界自然遗产、文化遗产和双遗产共 41 处，总数居世界第三；28 个项目入选联合国教科文组织“人类非物质文化遗产代表作名录”、6 个项目入选“急需保护的非物质文化遗产名录”，总数位列世界第一。重要文化遗产得到有效保护，布达拉宫等西藏三大文物保护工程顺利竣工，南水北调等国家大型基本建设中的文物保护稳步开展，大遗址保护格局初步确立，国家考古遗址公园建设顺利推进。非物质文化遗产传承人的保护得到加强，命名了 3 批 1 488 个国家级项目代表性传承人。生产性保护取得突破，传统文化焕发出新的生机。整体性保护不断推进，已设立 11 个国家级文化生态保护实验区。保护文化遗产宣传活动广泛深入，设立了“文化遗产日”，社会各界的保护意识逐渐增强。

第七，文化产业蓬勃发展，逐步成为新的经济增长点。随着文化体制改革的不断深入和人民群众精神文化需求的不断增强，我国文化产业经历了探索、起步，逐步走向迅猛发展的新阶段。文化产业结构调整和资源整合力度不断加大，文化企业规模实力快速提升。一批实力雄厚、竞争力强的大型文化企业集团逐步发展壮大。文化产业基地和特色产业群建设加快推进。各类文化产品交易平台日益健全，重大会展活动成功举办。多元化投资格局初步形成，所有制结构得到优化。演艺、娱乐、影视制作、新闻出版等传统产业快速发展，动漫游戏、数字音乐、数字电影、网络视频、移动多媒体广播电视、公共视听载体、数字出版、网络出版、手机出版等新兴文化产业迅速崛起，文化产业门类日益齐全。文化产业对国民经济增长的贡献不断上升，逐步成为国民经济新的增长点。据统计，2004 年以来，全国文化产业年均增长速度在 15%以上，比同期国内生产总值增速高 6 个百分点，保持了高速增长的势头。2008 年、2009 年间，面对国际金融危机的冲击，文化产业逆势上扬，其消耗少、污染低、容纳就业多、附加值高等优势得到进一步凸显。2010 年，文化产业增加值突破 1 万亿元，占国内生产总值比重由2004年的2.1%增加到2.5%以上；北京、上海、江苏、湖南、湖北、广东、云南等省市，文化产业增长速度年均超过20%，占国内生产总值的比重均达到5%以上，成为当地新的支柱性产业。文化市场主体的培育力度不断加大，娱乐市场、演出市场、音像市场、电影市场、图书市场、网络文化市场、艺术品市场日益繁荣，逐步形成统一、开放、竞争、有序的市场体系。国际文化贸易逆差局面明显改观，文化产品和服务进出口逆差逐步减少。2010年我国核心文化产品进出口总额达143.9亿美元，同比增长15.1%。其中，国产影片海外销售总额超过35亿元人民币，图书版权输出引进比从2005年的1∶7.2缩小至2010年的1∶3。

第八，对外文化交流广泛深入，中华文化的影响力和竞争力逐步提升。我们坚持发展多层次、宽领域对外文化交流格局，借鉴吸收人类优秀文明成果，实施文化走出去战略，不断增强中华文化国际影响力，向世界展示了我国改革开放的崭新形象和我国人民昂扬向上的精神风貌。目前，我国同世界上160多个国家和地区保持着良好的文化交流关系，与145个国家签订了政府间文化合作协定和近800个年度文化交流执行计划。“欢乐春节”“中国文化年”“中国文化节”“相约北京”“中非文化聚焦”等大型品牌文化活动成功举办，影响广泛。通过举办高峰论坛，思想文化领域的对话与交流更加深入，增进了不同国家人民之间的理解和认同。海外文化阵地建设不断加强，我国已在海外设立96个使领馆文化处(组)、9个中国文化中心、322个孔子学院。主流媒体国际传播能力不断提升，对外广播和影视在播出语种、播出时间和发射功率等方面取得突破性进展，节目和频道在境外有效落地、覆盖范围进一步扩大，人民日报、新华社、中央电视台、中国国际广播电台的覆盖面越来越广。文化产品和文化服务走出去步伐不断加快，核心文化产品和服务出口快速增长，在欧美国家的市场占有率逐渐提高，出口规模不断扩大。与此同时，有序地引进国外优秀的文化艺术产品，丰富了我国群众的文化生活。

三、改革开放以来我国文化建设的经验

我国文化改革发展，显著提高了全民族思想道德素质和科学文化素质、促进了人的全面发展，显著增强了国家文化软实力，为坚持和发展中国特色社会主义提供了强大精神力量。改革开放以来，我国文化建设取得了重大成就，其成果既是对中华文化的贡献，也是对世界文化的贡献。回顾历史，我们走过了一条不平凡的文化发展道路，也积累了非常宝贵的经验。

第一，必须始终坚持马克思主义在文化领域的指导地位。马克思主义是

人类思想史上最伟大的成果，它以科学的世界观和方法论，揭示了人类社会发展的基本规律，为先进文化建设指明了正确方向。我们党从一诞生就高举马克思主义这面旗帜，并在同中国实际相结合的过程中不断推进马克思主义中国化，形成了毛泽东思想和包括邓小平理论、“三个代表”重要思想以及科学发展观等重大战略思想在内的中国特色社会主义理论体系这两大理论成果，并把其作为指引中国文化前进的根本指针。我们必须坚持以马克思主义为指导，推进马克思主义中国化、时代化、大众化，用中国特色社会主义理论体系武装头脑、指导实践、推动工作，确保文化改革发展沿着正确道路前进。

第二，必须坚持社会主义先进文化的前进方向。先进文化是人类文明进步的阶梯、社会前进的精神动力，凝聚着一个民族对世界和自身的历史认知和现实感受，积淀着一个民族最深层的精神追求和行为准则。社会主义先进文化是马克思主义政党思想精神上的旗帜。我们必须坚持为人民服务、为社会主义服务，坚持百花齐放、百家争鸣，坚持继承和创新相统一，弘扬主旋律、提倡多样化，以科学的理论武装人，以正确的舆论引导人，以高尚的精神塑造人，以优秀的作品鼓舞人，在全社会形成积极向上的精神追求和健康文明的生活方式，提高民族素质，塑造高尚人格。

第三，必须坚持以人为本、执政为民。人民是文化建设的主体，人民的生产生活实践是文艺创作的源泉，实现人的全面发展是文化建设的最终目的。因此，进行文化建设，必须坚持以人为本、执政为民，牢固树立群众观点。必须坚持贴近实际、贴近生活、贴近群众，把握人民群众的新要求、新期待，满足人民精神文化需求，保障人民基本文化权益。必须把人民大众是否满意作为衡量文化工作成败的根本标准，把人民大众的广泛参与和热情创造作为文化兴盛的根本力量，做到文化发展为了人民、文化发展依靠人民、文化发展成果由人民共享。

第四，必须坚持解放思想、改革创新。文化是最需要创新的领域，改革创新是文化的本质特征和生命力所在。实践证明，文化领域每一次认识上的重大突破，每一次体制上的重大革新，每一次科技上的重大应用，都会给文化发展带来一次重大机遇。因此，必须立足长远，着眼当前，不断解放思想，转变观念，不断破除影响和制约文化发展的体制机制障碍，优化文化发展的体制环境，不断解放和发展文化生产力。必须不断推动文化与科技的融合，抢占文化发展制高点，创造文化发展新优势。

第五，必须坚持“两手抓、两加强”，促进文化事业和文化产业协调发展。公益性文化事业是实现和保障人民基本文化权益的主要手段。发展文化产业是满足人民群众多样化精神文化需求的重要途径。加强文化建设，必须正确区分公益性文化事业和经营性文化产业，坚持“两手抓、两加强”。无论是发展公益性文化事业还是经营性文化产业，都必须坚持把社会效益放在首位，努力实现社会效益和经济效益有机统一。

第六，必须坚持广泛吸收和借鉴一切优秀文明成果。发展面向现代化、面向世界、面向未来的，民族的科学的大众的社会主义文化，是中国特色社会主义文化建设的目标。我们要正视历史的经验教训，直面世界文化的交流交融交锋，以更加理性、科学的态度进行文化的反思、比较、展望，坚持古为今用、洋为中用，正确看待自己的文化，正确对待别人的文化。必须坚持以对民族、对历史、对后人高度负责的精神，更好地用民族优秀文化滋养民族生命力、激发民族创造力、铸造民族凝聚力，建设好中华民族共有精神家园。必须倍加珍惜党领导各族人民在革命、建设、改革的历史实践中创造的革命文化，不断汇聚新的精神力量，创造富有鲜明时代精神的新文化。必须坚持“请进来”和“走出去”相结合，广泛吸纳、融汇一切外来优秀文化成果，不断提高中华文化在国际上的影响力，增强我国文化软实力。

第三章　树立与科学发展观相适应的文化发展理念

以人为本、全面协调可持续的科学发展观，是我们党对社会主义现代化建设规律认识的进一步深化，是统领我国经济社会发展全局的重要指导思想。落实科学发展观，推进文化建设是首要的也是最紧迫的课题。我们应以科学发展观为指导，认真分析和把握世界范围内经济文化融合的新趋势、西方文化渗透的新变化、群众文化消费的新要求，树立与科学发展观相适应的文化观。应从中华民族生存与发展的要求出发，抵御西方文化渗透，维护国家文化安全；从提高党的执政能力、推进中国特色社会主义事业的要求出发，巩固马克思主义的指导地位，巩固全国人民团结奋斗的共同思想基础；从不断提高人民群众精神文化生活消费水平的要求出发，维护人民群众的文化利益，满足人民群众的文化需求。

党的十七届六中全会提出坚持中国特色社会主义文化发展道路、努力建设社会主义文化强国的重大历史命题，强调要坚持社会主义先进文化前进方向，以科学发展为主题，以建设社会主义核心价值体系为根本任务，以满足人民精神文化需求为出发点和落脚点，以改革创新为动力，发展面向现代化、面向世界、面向未来的，民族的科学的大众的社会主义文化，培养高度的文化自觉和文化自信，提高全民族文明素质，增强国家文化软实力，弘扬中华文化，努力建设社会主义文化强国。要实现这一目标，要更加自觉、更加主动地推进文化大发展、大繁荣，就必须了解我国社会主义文化建设取得的成绩、存在的问题，掌握文化发展和繁荣的规律，进一步拓宽我们的视野和思路，确立与中国特色社会主义文化发展相适应的推进文化发展和繁荣的科学理念。

一、科学发展观对文化建设的新要求

党的十七大，特别是十七届六中全会以来，我们党宣传思想文化战线坚持以中国特色社会主义理论为指导，继续深入贯彻落实科学发展观，解放思想、与时俱进，在实践中进一步深化了对文化发展规律的认识，概括起来有八个方面的要求：

(1)在文化地位和作用上,明确文化建设是中国特色社会主义事业总体布局的重要组成部分,文化越来越成为民族凝聚力和创造力的重要源泉、越来越成为综合国力竞争的重要因素,丰富精神文化生活越来越成为我国人民的热切愿望。

(2)在文化发展方向上,明确要牢牢把握社会主义先进文化前进方向,构建社会主义核心价值体系,发展面向现代化、面向世界、面向未来的,民族的科学的大众的社会主义文化。要大力发展先进文化,支持健康有益的文化,努力改造落后文化,坚决抵制腐朽文化。

(3)在文化发展目的上,明确要坚持以人为本,满足人民群众日益增长的精神文化需求,保障人民基本文化权益,丰富人民精神文化生活。

(4)在文化发展动力上,明确要坚持改革创新和科技进步,破除制约文化发展的体制性障碍,不断解放和发展文化生产力。

(5)在文化发展思路上,明确要一手抓公益性文化事业、一手抓经营性文化产业,一手努力构建覆盖城乡、惠及全民的公共文化服务体系,一手壮大文化产业、繁荣社会主义文化市场,一手抓繁荣、一手抓管理,推动文化全面协调健康发展。

(6)在文化发展格局上,明确要积极吸引民营资本、海外资本参与文化建设,形成以公有制为主体、多种所有制共同发展的文化产业格局,以民族文化为主体、吸收外来有益文化的文化对外开放格局。

(7)在文化发展战略上,明确要提升国家文化软实力,提高全民族的思想道德素质和科学文化素质,促进人的全面发展,实施文化"走出去"战略,增强中华文化国际影响力。

(8)在文化发展领导力量和依靠力量上,明确要始终坚持党对文化工作的领导,充分发挥人民群众在文化建设中的主体作用,最大限度地发挥广大文化工作者的积极性、主动性、创造性。这些重要的文化发展理念,初步回答了新世纪新阶段我国社会主义文化发展的一系列重大问题,是科学发展观在文化建设领域的具体体现,是新的历史条件下文化发展规律的客观反映,一定要贯彻落实到文化建设的各个方面,并在实践中不断发展和完善。

二、社会主义文化建设目前存在的问题

经过几十年的发展,中国文化建设虽然取得了可喜的成绩,但与科学发展观对中国文化发展的要求相比,与实现中国特色社会主义文化强国的要求相比还有一定差距,中国文化发展还面临着一系列问题:

(1)不能妥善处理意识形态与文化繁荣发展之间的关系。目前中国的文化建设不能在体制和管理实践中很好地摆正意识形态与文化繁荣的关系,并且出现了文化繁荣及多元化发展带来社会主义价值观和意识形态的危机。这不仅影响到文化的健康、稳定发展,而且在一定程度上会影响整个社会正确价值体系的建立。

(2)不能合理处理传统文化与文化创新的关系。文化发展不同于物质的、经济的发展,文化发展遵循着相对独立的规律,即文化是在文化积淀的基础上吸纳其他文化之精华后才可得到不断创新和发展,也就是要走兼容并包的发展路径。因此,一味地守旧和完全抛开传统,实际上都不利于文化创新和文化繁荣。历史的经验教训也已表明,封建时期的文化保守主义,以及文化大革命时期的全盘否定传统的做法,都对文化发展造成极大的破坏。而现在中国文化的发展没能很好地处理好这两者关系,因此也就无法解决文化创造力不足、文化精品匮乏等问题。

目前,在中国文化产业发展中,存在着走两个极端的问题,一是完全依赖于历史和传统的东西,不努力创新;二是照搬外国的东西。这两种发展模式都是在走极端,都严重影响了文化发展的创新动力。解决文化创新动力不足的问题,不仅要在体制方面有创新,而且也要在文化教育方面加快改革步伐,坚持兼容并包的文化教育方针和百花齐放、百家争鸣的文化政策,使传统文化、民族文化和现代文化中的精华都得到保护和发展。

(3)不能科学处理中国文化与世界文化发展的关系。这一问题牵涉到中国文化软实力的提升,以及中国文化影响力提升问题,同时也会牵涉到中国文化与世界文化交流及和谐发展问题。文化实力和文化影响力提升问题,不是简单的发展问题,还会涉及文化发展关系,也就是文化交流与理解问题。因此,在推进文化发展中,既不能专注于自身文化发展,又不能完全依附于其他文化的发展,而是需要科学地处理自身文化与其他文化和谐发展的关系。

文化影响力或文化实力,不能简单理解为文化强大,而是文化的内涵更多地被人理解和接纳。因此,提升文化实力,只关注发展自身文化还不够,还需要关注文化交流与合作。要让自己的文化越来越多地被人们认识、理解、接纳和喜欢。要顺利地进行文化交流,就必须了解和认识文化间的相互关系及互动规律。概括起来说,就是一方面要增强文化自觉,另一方面要加强文化交流。

提升中华文化的实力和文化影响力,需要对文化发展和文化交流进行科学研究。就目前文化科学发展的现状而言,急须政府重视文化科学尤其是文化人类学的研究，要加大文化人类学等文化科学研究的投入，引导文化科学从聚焦本文化向本文化研究与他文化或异文化研究相结合方向发展，促进文化科学研究适应全球化背景下中国经济社会发展的需要。

(4)不能正确处理城乡文化发展不均衡的问题。近年来，我国农村文化建设力度不断加大，农村文化活动日益丰富，农村文化建设呈现良好的发展势头。但和城镇文化建设相比，我国农村文化建设还相对滞后，农村文化建设与农民群众的精神文化需求还不相适应。当前，农村文化建设尤其是西部老少边穷地区的农村文化建设还面临着一系列亟待解决的困难。

一是农村文化投入仍然不足。对农村文化投入的比例，仅占全国财政对文化总投入比例的 26.7%，对城市文化投入超过对农村投入比例 46.6%，城乡文化投入还不均衡。

二是农村公共文化机构运转还存在较大困难。我国多数农村文化机构运转困难，文化产品、文化服务供给不足，为基层提供的公共文化资源总量偏少、质量不高。有的省 2/3 的图书馆全年没有购书费，文化馆(站)设备落后短缺。有的群众反映，文化信息资源共享工程针对农民需要制作的资源很受欢迎，但当地网点太少或因网点工作人员不能提供技术指导，导致工程资源无法有效使用。

三是农村文化队伍素质亟待提高。当前农村特别是乡镇文化工作队伍人员老化、知识结构不合理的问题比较突出。有的乡镇撤销了文化站，没有从事文化工作的专职人员，文化工作处于涣散状态。有的地方虽然保留了乡镇文化站机构，但人员素质状况不理想。

四是农民自办文化发展有待扶持。农民自办文化起步困难、基础薄，需要政府的支持和帮助。政府应进一步出台优惠政策，在登记注册等方面给予方便，降低准入门槛，减免各种税收，为农民自办文化发展创造良好的政策环境。

五是农村基层文化管理体制依然不顺。文化站干部普遍以乡镇为主管理，县级文化主管部门无法调配，文化站人员长期处于固定状态，不能交流，缺乏活力。而且乡镇文化站业务是综合性的，文化站人员身兼数职，承担文化宣传工作的同时，还要承担大量事务性工作，因而他们不能全身心地投入文化宣传工作。

三、树立与科学发展观相适应的文化发展理念

要真正解决文化发展过程中遇到的各种问题，真正实现文化大发展大繁荣，就需要我们转变思想观念，树立与社会主义文化发展相适应的科学发展

理念。

1. 适应开放不断扩大、思想更加激荡的新变化，树立全新的文化安全观

树立和落实科学发展观，要求统筹思考国内发展与对外开放，国家文化安全更加成为摆在我们面前的紧迫课题。文化是民族得以传承、国家得以维系的精神支柱，是国家政权、社会制度得以建立和维护的重要基础。

文化安全是深层次的国家安全。在世界多极化和经济全球化条件下，各种思潮层出不穷，不同文化相互激荡。在“发展机遇期”与“矛盾凸显期”并存的现阶段，思想文化渗透与反渗透的斗争尤为复杂，文化安全的重要性更加凸显。高度重视国家文化安全，切实维护国家文化安全，既有文化产业发展的要求，也有对外文化交流的意义，但从根本上讲，是要在开放的环境中发展先进文化，巩固和发展社会主义主流意识形态。在当代中国，维护国家文化安全与巩固马克思主义在意识形态领域的指导地位是一致的。只有巩固和发展马克思主义在意识形态领域的指导地位，才能真正形成全国人民共同的思想基础，真正维护国家的文化安全。而要达到这一目标，必须确立文化竞争力是国家核心竞争力的理念，把文化的大发展大繁荣上升为国家战略任务。

主流意识形态是国家稳定的保证，是文化安全的根本。在开放的条件下，各种思想观念是在相互激荡、相互碰撞和相互竞争中为人们所认识、所选择的。我们应善于在思想观念多样化的形势下，坚持马克思主义的指导地位。任何国家、任何社会，不管其经济和社会结构多么复杂多样，占统治地位的主流意识形态必然都是一元的。如果只有多样并存而没有一元指导，主流意识形态得不到坚持，就必然导致整个社会的思想混乱和政局动荡。苏联解体、东欧剧变就充分说明了这一点。

经过30多年的改革开放，我国社会经济成分、组织形式、就业方式、利益关系和分配方式等日益多样化，人们的价值取向、道德观念、文化生活也日趋多样化。这种多样化是社会进步的体现。然而，在承认和发展这种多样化的同时，必须坚持指导思想与主导价值观的一元化，重视确立和巩固社会的共同理想信念，确立和巩固国家的主导价值观，确立和巩固民族的精神支柱。

2. 适应文化发展手段与目的相统一的新实践，树立全面的文化价值观

如何认识当代文化的功能价值，关乎科学发展观的贯彻落实，关乎社会主义和谐社会的构建。我们党对文化的特殊地位和作用的认识是不断升华的。从“三个代表”重要思想关于“代表中国先进文化前进方向”的深刻论述，到党的十七大关于“文化与经济和政治相互交融越来越成为综合国力和国际竞争力重要组成部分”的科学论断，再到十七届六中全会关于“提高建设社会主义

先进文化能力”的明确要求，我们党从指导思想、法律、执政能力三个方面确立了文化的地位，全党对文化的地位和作用的认识不断提升。

科学发展观从理论上、从文化工作的指导思想层面上提升和拓展了文化的地位、功能、作用，但人们在实践中还缺乏与之相适应的文化自觉，文化观念的问题并没有完全解决。在实际工作中，一些人对文化的功能价值认识存在偏差，往往只重视其作为推进社会发展的手段的一面，忽视其作为社会发展目标的一面，在片面追求国内生产总值的发展思路下，对于文化的作用只谈服务、不谈建设；对于文化建设只重应急、轻视长远。在一些地方，文化“说起来重要，干起来次要”，文化发展与经济发展相比较投入明显不足，基层文化建设仍然薄弱。这些问题的产生，归根到底是对文化的社会功能定位缺乏足够认识，对文化的价值缺乏足够认识。

文化是综合国力的重要体现。一个国家、一种文明在文化上的成就，较之于经济和政治，往往具有更持久的竞争力和生命力。当今世界，文化与经济、政治相互交融，日益成为影响经济发展质量和发展后劲的重要因素。在综合国力竞争中，文化的力量渗透其间，其地位和作用越来越突出。文化建设应着眼于人的全面发展，着力于文化自身的事业发展与产业壮大，通过发展自身来更好地服务发展，为改革开放和现代化建设提供强有力的思想保证、舆论支持、精神动力和文化条件。

3. 适应依靠解放和发展文化生产力增强主流意识形态影响力的新要求，树立科学的文化发展观

长期以来，文化建设始终把意识形态工作摆在突出位置，为中国特色社会主义事业提供了有力的思想保证，作出了积极贡献。历史的经验告诉我们，先进的意识形态如果没有强大的优势文化产业作支撑，就难以巩固已经确立的主导地位。任何观念形态的东西，都有赖于一定的物质载体体现出来，传播开去。

世界上很多国家采取文化产业立国的国策，获得了多方面的好处。例如英国曾经是全球第一代“世界工厂”，后来失去了制造业大国的地位。1997 年 5 月，英国首相布莱尔提议并推动成立了创意产业特别工作小组，1998 年，英国政府出台了《英国创意产业路径文件》，明确提出了“创意产业”的概念，并采取措施推动创意产业的发展，作为振兴英国经济的重要手段，2005 年，英国创意产业增加值超过 1 000 亿英镑，创意产业成为英国的第二大产业。美国依靠强大的文化影响力和渗透力，正在世界文化市场上建立和扩大霸权。有材料显示，美国目前已经控制世界 75％的电视节目和 60％以上的广播电视节目

的生产和制作。许多国家的电视节目中，美国节目占到60%～70%。美国文化产业增加值占GDP的比重，目前已经高达18%～25%。日本把提高文化竞争力作为提升日本产品竞争力的重要举措，认为通过文化产品可以加深世界对日本文化的理解，使日本重新获得尊重，从而使日本产品提高文化含量和附加值。目前，全世界动画播映的60%、欧洲动画播映的80%都是日本动画。2010年，日本动画制作市场和动画衍生产品规模超过了500亿美元。

当前，伴随着经济全球化进程加快、以信息技术为代表的高科技飞速发展、文化领域开放度逐步提高，不同意识形态间的相互渗透影响，越来越以非意识形态的面目出现，越来越依赖于科技和市场的力量。以文化产品、文化服务形式出现的意识形态，对经济社会发展的影响越来越广泛和直接。忽视意识形态借以发挥作用的载体——文化生产力——的发展，意识形态的影响和作用就会减弱。应切实按照科学发展观的要求，既充分发展物质生产力，又充分发展文化生产力，这是经济全球化和社会主义市场经济条件下巩固和发展社会主义意识形态的重要途径。我们要增强党对意识形态的控制力和文化事业的竞争力，统筹城乡、区域文化发展，统筹文化建设与文化体制改革，统筹文化产品与文化服务的意识形态属性与商品属性，统筹社会效益与经济效益，促进精神文明和物质文明、政治文明发展相协调，促进人的全面发展和社会全面进步相协调，促进文化事业与文化产业发展相协调。我们必须坚持以改革促发展，以体制机制创新作为文化生产力持续发展的根本动力，坚持一手抓文化事业，一手抓文化产业，通过文化事业和文化产业的全面协调可持续发展，不断解放和发展文化生产力。在实际工作中，我们应统筹增强主流意识形态的控制力、精神产品的竞争力、文化体制改革的推动力三者的关系，以强大的文化生产力为载体，通过提供更多更好的文化服务、文化产品，努力实现好、发展好社会主义意识形态。

4. 适应以人为本、全面协调发展的新形势，树立正确的文化服务观

人民是文化建设的主体，人民的生产生活实践是文艺创作的源泉，实现人的全面发展是文化建设的最终目的。因此，进行文化建设，必须坚持以人为本、执政为民，牢固树立群众观点。必须坚持贴近实际、贴近生活、贴近群众，把握人民群众的新要求、新期待，满足人民精神文化需求，保障人民基本文化权益。必须把人民大众是否满意作为衡量文化工作成败的根本标准，把人民大众的广泛参与和热情创造作为文化兴盛的根本力量，做到文化发展为了人民、文化发展依靠人民、文化发展成果由人民共享。

科学发展观的核心是以人为本。文化建设以人为本，就是要贴近实际、贴

近生活、贴近群众，以服务人民为根本宗旨，以满足人民群众精神文化需求、促进人的全面发展为根本目的，以人民群众为根本依靠力量，以发展文化事业和文化产业、提高文化产品和服务的供给能力为根本途径，以人民群众满意不满意为衡量工作成效的根本尺度，建立健全面向群众、服务群众的体制机制，多提供人民需要的文化产品和服务，多做有利于保障人民基本文化权益的事，让文化发展成果惠及全体人民。

一是大力提高文化产品和服务的供给能力，努力满足人民群众日益增长的精神文化需求。要把保障人民基本文化权益摆在文化建设的首要位置，加大对公共文化服务的投入，通过建立实用、便捷、高效的公共文化服务网络，实施重大文化工程，拓展公共文化服务领域，健全公共文化服务组织等多种手段，向全社会提供更多免费或优惠的公共文化产品和服务，特别是要切实维护低收入群体和特殊群体的基本文化权益。要把繁荣文化市场、满足人民群众多样化文化需求作为文化建设的紧迫任务，适应人们文化需求多层次、多方面、多样化的新形势，鼓励广大文化工作者创作更多群众喜闻乐见的精品力作，鼓励国有文化企业积极开发市场、占有市场，发挥骨干作用，鼓励非公有制文化企业积极提供多样化的文化产品和服务，满足不同地域、不同层次、不同群体、不同年龄人们健康向上的文化需求。要利用现代科技手段满足人民群众的新型文化需求，加强网络文化建设，发展网络影视、网络图书、手机电视、手机报等现代文化服务业，建设更多适合青少年需要的绿色网吧，使互联网成为传播社会主义先进文化的重要阵地、提供公共文化服务的有效平台、促进人民精神文化生活健康发展的广阔空间，让人民群众更加方便快捷地享用各种文化产品和服务。

二是要切实尊重人民群众的主体地位，激发人民群众参与文化建设的积极性、主动性、创造性。人民群众是一切文化创造的源泉。要紧紧依靠群众，做到谋划文化发展思路向人民群众问计，查找文化发展中的问题听人民群众意见，改进文化发展措施向人民群众请教，衡量文化发展成效由人民群众评判。要尊重群众的首创精神，及时总结群众创造的新鲜经验并加以推广，推动全社会文化创造活力竞相迸发、充分涌流。要大力开展城乡群众喜闻乐见的文化活动，鼓励群众建设各种形式的文化活动阵地，支持群众兴办各种演出团体和其他文化团体，引导群众在文化建设中自我创造、自我服务、自我发展。要广泛开展道德模范评选表彰、文明城市文明村镇文明单位创建、讲文明树新风等群众便于参与、乐于参与的活动，让群众评、评群众身边的人和事，使人民群众成为思想道德建设的主体。要建立科学的情况反馈机制和考核测评体系，通过问卷调查、民意测验、群众投票、媒体公示等办法，直接听取群众意见，接受群众评议，依靠群众的智慧和力量推动文化建设不断向前发展。

三是要充分反映人民群众的利益诉求，推动解决人民群众最关心、最直接、最现实的利益问题。随着社会主义民主政治的深入发展，人民群众的参与意识、表达意识、维权意识不断增强。文化建设以人为本，必须适应社会主义民主政治建设的要求，坚持把体现党的主张与反映人民心声统一起来，把坚持正确导向与通达社情民意统一起来，把正面宣传为主与加强和改进舆论监督统一起来，切实保障人民的知情权、参与权、表达权、监督权。对广大群众反映强烈的民生问题，要及时向社会通报情况，宣传党和政府采取的措施，多用答疑解惑、形势政策教育等方法积极加以引导。对突发公共事件，要及时准确、公开透明地向社会发布信息，引导社会舆论。对中央已作出决定并三令五申，但仍没有得到落实的问题，要加强和改进舆论监督，通过准确监督、科学监督、依法监督、建设性监督，推动有关地方和部门认真解决问题。对群众提出的暂时没有条件解决的问题，甚至一些带有情绪化的意见，也要通过讲清情况、摆明道理，把群众的思想情绪疏通好、引导好。

5. 适应继承与创新、可持续发展的新要求，树立正确的文化传承观

文化的继承与创新是每一个国家文化发展过程中都会遇到的问题，能否正确对待这一问题直接关系着国家文化的影响力。继承与创新最关键、最核心的问题是如何对待传统文化。在过去很长一段时间，有些人全盘否定传统文化，认为传统文化不科学、愚昧、落后，鼓吹洋的比中国的好，新的比旧的好，现代的比古代的好。这显然是一种民族虚无主义的观点，是数典忘祖、“言必称希腊”。也一直有些人夜郎自大，认为只有中国的传统文化是世界上最好的文化，具有无法比拟的优势和特点，搞“复古”。这是一种狭隘的民族主义、“国粹主义”。现在又有人在这个问题上搞实用主义和功利主义，不分良莠，不分精华糟粕，只要有利可图，就打着保护、弘扬传统文化的旗号搞开发利用。其实质是对传统文化缺乏敬畏之心，不尊重祖先，把历史遗产当成手中的玩偶、谋利的工具。

政府作为管理社会公共事务的机构，除了有责任对文化安全保护提供必要的资金支持外，更需要有这样一个意识，那就是要有意识地、有预见地制定相关法律，出台相应的政策法规，不断地改革现行的文化体制，对民族优秀文化提出相应的、长期的安全保护措施等。对于一个处于经济发展高峰期的国家来说，经济的快速发展、GDP的高速增长是整个国家发展的第一要务，这个时候人们往往会忽略民族文化安全保护的意识，很容易产生只重视可以带来

效益的文化的意识。从众所周知的中韩“端午节申遗”的事件可以看出，我国目前还缺少这样一种意识：那就是不能再陷入“文化搭台、经济唱戏”的简单模式。应该把注意力转移到文化安全保护和文化发展的方向上来，要明白文化安全保护是需要资金支持的，挣钱只是一个副产品。端午节是我国的传统节日，有着2 500多年的历史，它是我国人民为了纪念楚国的爱国志士屈原而形成的传统节日。韩国的“江陵端午祭”只有1 000多年的历史，是我国文化的传播和发展的结果，但韩国却抢先于中国在联合国教科文组织申报“人类传说及无形遗产著作”。这是因为，韩国对端午的继承、发扬、保护和创新的意识比我们提早一步。韩国在经济发展的同时就有了文化安全保护的意识，像《民族民间文化保护法》，中国至今都没有出台，而韩国却在二十世纪五六十年代就已出台。1962年，韩国经济发展刚刚开始起步的时候，“江陵端午祭”就已经登上了韩国遗产名录。韩国不仅仅只对民族文化立法保护，而且向传统的文化活动注入了现代的元素，成功地实现了现代转型，并得到了国际认同。韩国采取有效措施保护传统文化的做法值得我们借鉴。

政府应该有意识地提倡保护民族文化，也有义务和责任拨款来保护民族文化，但在具体实施方面，由于政府、企业组织并不是只以文化保护和发展为目标，因而如果想真正保护民族文化，还需要公民社会中的非营利组织来运作完成。最主要的是要每一位公民真正认识到民族文化安全的重要性，认识到有义务和责任参与到民族文化安全保护中，有了文化安全保护的意识才会有参与文化安全保护的行为。

民族文化作为无形的文化遗产，最重要的是需要年轻人的参与和继承。但在过去，我国的不少传统民族文化都不同程度地存在传承中断的危险，许多年轻人对传统民族文化的无知和冷漠不能不让人感到心寒。出现这些情况的原因，一方面是因为我国传统民族文化的精髓正在被形形色色的“文化搭台、经济唱戏”所异化，人们习惯用经济学上统计数字的大小来决定传统民族节日意义的大小；另一方面是因为我们一直沉迷于“民族的就是最好的”这一所谓的理论，没有向传统民族文化注入新的现代元素以吸引年轻人的参与。要改变这一状况，使我国传统民族文化遗产得到继承和进一步发展，首先就需要所有的社会团体有意识地营造出一种适合传统民族文化发展的氛围；其次，要在不破坏民族文化传统本质的前提下，有意识地向传统民族文化添加一些现代元素；同时，不断改善整个社会对传统民族文化的认识，不断改善年轻人对传统民族文化的意识观念，用创新来吸引年轻人参与其中。例如端午节活动，在坚持传统的同时，可以引入时尚、新颖的元素来吸引年轻人的注意，像组织龙舟赛、端午节青年人祭祀等活动，给传统和文化以新的生命力。只有这样才能确保民族文化的进一步传承，只有这样才能确保民族文化的安全。这样的传统和文化才是有生命力的，同时也只有这样才能确保民族文化的安全。

第四章　坚持走中国特色社会主义文化发展道路

坚持中国特色社会主义文化发展道路，努力建设社会主义文化强国，是党的十七届六中全会通过的《中共中央关于深化文化体制改革、推动社会主义文化大发展大繁荣若干重大问题的决定》贯穿始终的鲜明主题，也是全会的一个重大贡献和突出亮点。中国特色社会主义文化发展道路，围绕文化发展方向、文化建设的总体思路、根本任务、根本目的、依靠力量和动力源泉等提出了许多新思想、新观点、新论断，深入回答了我国文化建设中一系列带有方向性、根本性、战略性的重大问题，是发展社会主义先进文化、实现中华文化繁荣兴盛的唯一正确道路。

一、中国特色社会主义文化发展道路的提出

文化是民族凝聚力和创造力的重要源泉，是综合国力竞争的重要因素，是经济社会发展的重要支撑。作为一个无产阶级政党，我们党历来高度重视运用文化引领前进方向、凝聚奋斗力量，团结带领全国各族人民不断以思想文化新觉醒、理论创造新成果、文化建设新成就推动党和人民事业向前发展，文化工作在革命、建设、改革各个历史时期都发挥了不可替代的重大作用。中国特色社会主义文化发展道路正是在这一过程中逐渐探索并形成的。

1. 党的三代领导核心对中国特色社会主义文化发展道路的探索

毛泽东在探索马克思主义中国化过程中，深入研究了中国的历史和文化特点，指出了中国新民主主义文化的发展方向。这种文化首先是民族的，它主张反对帝国主义文化压迫，维护中华民族的独立和尊严，在形式和内容上有“中国作风和中国气派”；同时，对一切外来文化采取“取其精华，弃其糟粕”的态度。这种文化又是科学的，它反对一切封建思想和迷信思想，主张实事求是，追求客观真理，主张以理论和实践相统一的辩证唯物论为指导，对传统文化采取批判继承的态度。这种文化也是大众的，它是为绝大多数人民服务的，是最民主的文化。新中国成立后，毛泽东提出了一系列发展和繁荣社会主义科学、文化事业的方针。首先，他提出了“向科学进军”的号召，争取迅速赶上

世界科学技术的先进水平；其次，他提出了“百花齐放，百家争鸣”的方针，促进科学和艺术的繁荣；再次，他提出了走中西结合的文化发展之路，坚持“古为今用，洋为中用”的原则。以马克思列宁主义、毛泽东思想为指导的社会主义文化的繁荣发展，有力促进了中国社会生产力和综合国力的提高。不过，由于许多正确的主张没能贯彻到底，甚至出现了这样那样的偏差，最终酿成了“文化大革命”那样全局性的悲剧。

“文化大革命”结束后，中国又一次被置于向何处去的重大历史关头。最终，党和人民选择了以邓小平理论为指导的社会主义精神文明。这一理论强调我们要建设的社会主义国家，不但要有高度的物质文明，而且要有高度的精神文明，搞现代化要“两手抓，两手都要硬”；强调必须坚持四项基本原则，反对资产阶级自由化；强调精神文明建设包括思想道德建设和教育科学文化建设，要教育人民成为“四有”人民，教育干部成为“四有”干部，特别要教育好青年、教育好后代；强调要继承和发扬民族的优秀文化传统和党的优良传统，吸收和借鉴人类社会创造的一切文明成果，反对封建主义残余影响，抵制资本主义腐朽思想的侵蚀；强调要尊重知识、尊重人才，培养一大批优秀的科学家、教育家、文学艺术家和其他各种专家，思想文化和教育战线上的同志都应当是人类灵魂的工程师；强调思想政治工作和思想政治工作队伍决不能削弱，对思想上的不正确倾向要以说服教育为主，开展批评与自我批评，不能简单粗暴，也不能不闻不问；强调党要加强对精神文明建设的领导。在邓小平理论指引下，全党全国人民认真实践邓小平关于社会主义精神文明建设的思想，在以经济建设为中心、大力推进物质文明建设的同时，有力地推动了社会的全面进步。

世纪之交，面对复杂的国内外形势，以江泽民同志为核心的党的第三代中央领导集体，在领导全党和全国人民胜利推进建设有中国特色社会主义事业的伟大实践中，深刻总结社会主义的历史经验特别是我国改革开放和现代化建设进入新阶段以来的新鲜经验，在创造性地运用、丰富和发展邓小平理论方面做了卓有成效的工作，提出了一系列关于文化建设的重要思想观点。这些观点在对文化建设的重要性的认识上，系统论述了社会主义初级阶段的基本纲领，指出社会主义现代化应该有繁荣的经济，也应该有繁荣的文化，只有经济、政治、文化协调发展，才是有中国特色的社会主义；从加强执政党的建设这一核心问题入手，提出了“三个代表”重要思想，把“代表中国先进文化的前进方向”上升到执政党的历史使命、社会主义本质特征与面向21世纪社会主义发展的高度来加以认识；在党的十五大报告中第一次明确提出了“有中国特色社会主义文化”的概念，并对其基本内涵、基本特质作了完整而深入的阐述。

在文化建设的基本方针上，主张坚持以马克思列宁主义、毛泽东思想、邓小平理论为指导，坚持服从和服务于党的基本路线，为改革开放和现代化建设提供精神动力，坚持重在建设积极健康向上的文化，坚持和继承中华民族的一切优秀文化传统，坚持吸收国外一切优秀文化成果，坚持文化建设要面向大众、服务人民。

2. 中国特色社会主义文化发展道路的正式提出

党的十六大以来，以胡锦涛同志为总书记的党中央在继承三代领导集体关于文化建设的理论的基础上，在改革开放和社会主义现代化建设的伟大实践中，在和平与发展成为时代主题和世界范围内文化交融、交锋、交流日趋复杂的历史条件下，积极探索，明确提出"坚持中国特色社会主义文化发展道路，努力建设社会主义文化强国"的历史命题。

2003 年 8 月，胡锦涛在中共中央政治局第七次集体学习时指出，"当今世界，文化赖以发展的物质基础、社会环境、传播条件发生了深刻变化。我们要深入研究新形势下我国文化建设面临的新情况、新问题，善于在更加开放的环境中建设中国特色社会主义文化"。这次讲话表明新一届领导集体开始着手研究解决新的历史条件下文化建设面临的新情况、新问题，体现了党中央继续探索具有中国特色社会主义文化发展道路的主动和自觉。

2003 年 10 月，党的十六届三中全会明确提出树立以人为本，全面协调可持续的科学发展观，把文化体制改革视为完善社会主义市场经济体制的重要任务。科学发展观的提出，为深化文化体制改革和探索具有中国特色社会主义文化发展道路指明了方向。

2004 年 9 月，党的十六届四中全会把不断提高建设社会主义先进文化的能力作为加强党的执政能力建设的一项重要任务，明确提出深化文化体制改革，解放和发展文化生产力。这是中央文件中第一次出现"解放和发展文化生产力"的提法，它反映了我们党对文化发展任务和文化体制改革思路的认识更加深入。

2005 年 12 月，《中共中央、国务院关于深化文化体制改革的若干意见》出台，明确了深化文化体制改革的指导思想、原则要求、总体思路和目标任务，是文化发展与改革的纲领性文献。至此，深化文化体制改革，成为以胡锦涛同志为总书记的党中央继经济体制改革、政治体制改革、教育体制改革、科技体制改革、卫生体制改革之后做出的又一项关系全局的重大决策，是探索具有中国特色社会主义文化发展道路进程中的重要里程碑。

2007 年 10 月，胡锦涛在党的十七大报告中指出，"要坚持社会主义先进文化的前进方向，兴起社会主义文化建设新高潮，激发全民族文化创造活力，提高国家文化软实力”。这充分反映了党中央对当今世界文化发展的趋势和我国文化发展方位的科学把握，体现了在新的历史条件下的高度文化自觉，是在文化建设领域总结历史、面向世界、着眼未来做出的重要论断，表明国家和政府正把提高国家文化软实力、实现社会主义文化大发展大繁荣作为增强综合国力，实现中华民族伟大复兴的新的战略着眼点。

2008 年 11 月，李长春发表《深入学习实践科学发展观，推动社会主义文化大发展大繁荣》一文，文章系统阐述了在新的历史条件下文化为什么要发展、实现什么样的发展、怎样发展和发展为了谁、发展依靠谁等根本问题，总结了新的历史条件下 8 个文化发展的理念。这些重要的文化发展理念，初步回答了新世纪新阶段我国社会主义文化发展的一系列重大理论问题。

2009 年 8 月，国务院颁布《文化产业振兴规划》。这是第一次将文化产业提高到经济发展战略层面，纳入国家产业规划体系，充分说明国家对作为文化软实力重要载体的文化产业的高度重视，吹响了文化产业全速前进的号角。这也标志着文化产业的国家战略地位进一步提升。

2010 年 4 月，李长春在全国宣传部长座谈会上系统阐述了发展文化事业和文化产业需要正确认识和处理的十个方面重要关系。2010 年 6 月这篇讲话被以《正确认识和处理文化建设发展中的若干重大关系，努力探索中国特色社会主义文化发展道路》为题公开发表，对文化发展与改革的诸多重要关系和范畴进行了系统阐述。这些文化建设中的重大关系，为进一步深化文化体制改革，破解文化发展难题，转变文化发展方式，不断解放和发展文化生产力指明了方向。

2010 年 7 月 23 日，胡锦涛在中共中央政治局第二十二次集体学习时强调，要深入研究人民群众对文化建设的新要求新期待，深入研究文化发展的特点和规律，努力提高推动文化科学发展能力，对如何推进文化改革发展进行了精炼而深刻的概括，标志着我们党对文化建设规律的认识和把握上升到一个新的高度。

二、中国特色社会主义文化发展道路的内容

文化发展道路之“道”，涵盖了两个层面的内容：文化发展方向和文化建设路径。这里，文化发展方向指的是作为一定社会上层建筑的文化自身的本质要求和特定的历史规约。不同国家由于社会性质、经济水平和发展阶段的不同，必然会选择不同的文化发展方向。文化建设路径则指的是在遵循文化建

设的一般规律的前提下，围绕特定的文化发展方向而选择或采取的文化建设的具体思路和方法。中国特色社会主义文化发展道路，正是立足于当前我国经济、政治发展的客观实际，从根本上回答了新的历史条件下我国文化改革发展走什么样的路、朝什么样的目标迈进这个带有方向性、战略性的重大问题。其核心要点包括坚持社会主义先进文化前进方向，以科学发展为主题，以建设社会主义核心价值体系为根本任务，以满足人民精神需求为出发点和落脚点，以改革创新为动力。

1.坚持社会主义先进文化前进方向

坚持社会主义先进文化前进方向，就是要把当前我们国家文化事业的重心牢牢地设定在“发展社会主义先进文化”这一核心目标上，保证各项文化工作有据可循、有本可依。历史证明，自鸦片战争以来，只有中国共产党在归根结底的意义上始终代表了先进文化的前进方向。可以说，近百年来中华民族的奋斗史，就是中国共产党带领中国人民选择先进文化并沿着先进文化所指引的方向不断前进的历史。在探索建设先进文化实践中形成的中国特色社会主义文化发展道路，从根本上说就是发展社会主义先进文化之路，也就是以马克思主义为指导，发展面向现代化、面向世界、面向未来的，民族的科学的大众的社会主义文化。马克思主义作为揭示人类社会发展规律的科学理论，是指引文化建设正确方向的根本指针。我们必须始终坚持马克思主义在文化领域的指导地位，坚持用中国特色社会主义理论体系研究解决文化改革发展面临的问题，努力在纷繁复杂的社会文化生态中辨析主流与支流、区分先进与落后、划清积极与消极，正确处理传统文化与外来文化、经济效益和社会效益的关系，确保文化建设始终沿着正确方向健康发展。

2.以科学发展为主题

以科学发展为主题，就是要围绕国家经济社会建设大局、遵循文化改革发展规律，推动文化科学全面协调可持续的发展。党的十七大指出，科学发展观是发展中国特色社会主义必须坚持和贯彻的重大战略思想。作为中国特色社会主义事业的重要组成部分，文化改革发展同样也必须全面贯彻落实科学发展观，把科学发展的理念贯穿到工作的各个方面、各个环节。要始终坚持把发展作为第一要务，用发展的办法解决前进中的问题，既积极为经济建设中心服务，又努力实现文化自身的繁荣发展，实现文化建设与经济建设、政治建设、社会建设协调发展；始终坚持以人为本，保障人民文化权益，促进人的全面发展；始终坚持全面协调可持续，着力解决影响文化发展的突出问题，协调好文化建设的各个领域、各个方面，促进文化持续快速健康发展；始终坚持统筹兼顾，正确认识和妥善处理文化发展中的各种重大关系，统筹推进文化改革发展各方面工作，做到文化事业和文化产业两手抓、两加强；加快转变文化发展方式，加强宏观调控、完善政策措施、优化文化发展的布局和结构，提高文化发展的质量和效益，实现文化又好又快发展。

3. 以建设社会主义核心价值体系为根本任务

以建设社会主义核心价值体系为根本任务，就是要用社会主义核心价值体系凝聚人心、引领思想，筑牢和强化全民族的思想道德根基。党的十七届六中全会提出，社会主义核心价值体系是兴国之魂，是社会主义先进文化的精髓，决定着中国特色社会主义发展方向。推动文化大发展大繁荣，必须把社会主义核心价值体系融入国民教育、精神文明建设和党的建设全过程，体现到精神文化产品创作生产传播的各方面，使其成为全体人民的自觉追求。要坚持不懈地用中国特色社会主义理论体系武装全党、教育人民，推动学习实践科学发展观向深度和广度拓展，大力推进马克思主义中国化、时代化、大众化，用发展着的马克思主义指导新的实践；坚持不懈地用中国特色社会主义共同理想凝聚力量，深入开展理想信念教育、形势政策教育、国情教育、革命传统教育、改革开放教育、国防教育，引导干部群众增强坚持走中国特色社会主义道路的自觉性和坚定性；坚持不懈地用以爱国主义为核心的民族精神和以改革创新为核心的时代精神鼓舞斗志，弘扬爱国主义、集体主义、社会主义思想，激励人们与时俱进、开拓创新，为民族振兴、国家发展贡献力量；坚持不懈地用社会主义荣辱观引领风尚，加强社会公德、职业道德、家庭美德、个人品德建设，深入开展群众性精神文明创建活动，树立社会文明新风。只有这样，才能不断巩固马克思主义的指导地位，建设中华民族共有的精神家园，推进中国特色社会主义事业迈向前进。

4. 以满足人民精神文化需求为出发点和落脚点

以满足人民精神文化需求为出发点和落脚点，就是要坚持文化为人民服务的根本方向，不断满足人民对文化发展的新期待。全心全意为人民服务是我们党的根本宗旨，满足人民不断增长的物质和文化需要是我们党在现阶段的基本任务。与经济社会发展的总体进程和水平相比，与人民群众日益旺盛的精神文化需求相比，我国当前文化事业、文化产业发展仍显滞后，城乡之间、地区之间发展还很不平衡。推动文化大发展大繁荣，必须自觉贯彻党的群众路线，牢记文化建设的根基和力量在人民，坚持文化发展为了人民、文化发展依靠人民、文化发展成果由人民共享。要树立以人民为中心的创作导向，坚持贴近实际、贴近生活、贴近群众，引导文化工作者向人民学习、拜人民为师，从人民群众的生活实践中汲取营养、挖掘素材，努力创作生产出思想性、艺术性、观赏性相统一，人民喜闻乐见的优秀文化作品。要坚持面向基层、服务群众，完善城乡基层文化基础设施和服务网络，多生产质优价廉的文化产品，多为低收入群众和生活困难群众提供文化服务，努力让文化改革发展成果惠及全体人民。要大力开展群众乐于参与、便于参与的文化活动，积极搭建各种形式的群众文化活动平台，支持群众依法兴办文化团体，激发群众投身文化建设的热情。

5. 以改革创新为根本动力

以改革创新为根本动力，就是要坚持不懈地深化文化领域改革创新，不断解放和发展文化生产力，使文化建设始终拥有蓬勃生机。改革创新首先是思想观念的转变求新，而文化决定着思想观念，因此，文化领域最需要改革创新。文化建设要全面贯彻我们党解放思想、实事求是、与时俱进的思想路线，敢于突破陈规陋习，用改革创新破解难题，在改革创新中增强本领。要加快推进国有经营性文化单位改革，深化公益性文化单位改革，健全现代文化市场体系，完善文化管理体制，创新文化“走出去”模式，着力构建充满活力、富有效率、更加开放、有利于文化科学发展的体制机制。要提高改革决策的科学性，增强改革措施的协调性，加强分类指导，完善政策保障，确保文化体制改革积极稳妥地推进。要把创新作为文化繁荣发展的强大引擎，适应时代和实践发展要求，大力推进文化内容、形式、方法、手段创新，不断创造新的文化样式，催生新的文化业态，实现题材、品种、风格和载体的极大丰富，使我们的文化更具时代感和吸引力。

概括说来，中国特色社会主义文化发展道路就是建设社会主义文化强国之路。这一道路分别从文化发展方向、文化建设的总体思路、根本任务、根本目的、依靠力量和动力源泉等方面对当前我国文化建设作了全面的部署，既是我们党关于文化建设历史经验的深刻总结，又兼顾了对当前国际国内形势的科学分析。这一道路内容完整、逻辑严密、实践性强，是对我国文化发展规律的深刻揭示，符合我国基本国情，顺应时代发展潮流，是新形势下我国文化发展唯一正确的道路。

三、坚持中国特色社会主义文化发展道路的重要性和紧迫性

坚持中国特色社会主义文化发展道路既是我们应对全球化浪潮和新科技时代发展的必然结果，也是建设中国特色社会主义、实现民族复兴的迫切需要。中国特色社会主义文化发展道路命题的提出既是对我们党长期以来文化

建设实践经验的理性总结，也是新世纪新阶段中国现代经济社会发展的客观要求。因此，坚持中国特色社会主义文化发展道路，推动社会主义文化大发展大繁荣，具有十分重要的意义。

1. 从我国社会制度、发展道路和党的性质宗旨上看

文化是一定社会政治经济状况的反映，它总是在特定的社会条件下存在和发展。中国共产党作为一个用科学理论武装起来的马克思主义政党，在领导人民推动中国革命、建设和改革的伟大进程中，成功开辟了中国特色社会主义道路，形成了中国特色社会主义理论体系，确立了中国特色社会主义制度，实现了经济社会的历史性进步，创造了生机勃勃的崭新文化。从提出新民主主义文化到建设社会主义文化，再到发展中国特色社会主义文化，我们党总是站在时代前列，引领文化发展进步。实践证明，中国特色社会主义道路，既是一条实现社会主义现代化、创造人民美好生活的正确道路，也是一条不断孕育先进思想文化的正确道路；中国共产党既是政治的先锋队，也是文化的先锋队。新时期我国文化发展方向和路径的选择、文化纲领和政策的制定，都是由我国社会主义制度、发展道路和党的性质、宗旨决定的。只有坚持中国特色社会主义文化发展道路，才能确保文化建设沿着正确方向前进，更好地推动文化大发展大繁荣，为坚持和发展中国特色社会主义提供坚强思想保证、强大精神动力、有力舆论支持、良好文化条件。

2. 从落实十七大精神、推动中国特色社会主义事业快速发展的角度看

文化是民族的血脉，是人们的精神生活家园。社会主义先进文化是社会主义国家执政的马克思主义政党思想精神上的旗帜，是提升民族凝聚力和创造力的重要源泉。党的十七大报告明确指出："中国特色社会主义道路，就是在中国共产党领导下，立足基本国情，以经济建设为中心，坚持四项基本原则，坚持改革开放，解放和发展社会生产力，巩固和完善社会主义制度，建设社会主义市场经济、社会主义民主政治、社会主义先进文化、社会主义和谐社会，建设富强民主文明和谐的社会主义现代化国家。"这一论述不但揭示出中国特色社会主义道路"四位一体"的格局，同时也凸显了社会主义先进文化在中国特色社会主义道路中的重要地位。因此，我们只有坚持中国特色社会主义文化发展道路，自觉地不断地推动社会主义文化的大发展大繁荣，才能更好地推动中国特色社会主义事业又好又快发展。

3. 从提高国家软实力、在日趋激烈的综合国力竞争中赢得主动的角度看

当今世界正处在大发展大变革大调整时期，科学技术日新月异，各种思想文化交流交融交锋更加频繁，文化在综合国力竞争中的地位和作用更加凸显，

许多国家都从提高国家核心竞争力出发，把加快文化发展、增强文化软实力作为国家基本战略。随着经济快速发展，我国的国际地位迅速提升，中国的发展道路得到越来越多人的理解和认同，但我国文化整体实力和国际影响力却处在一个相对较弱的地位，与我国国际地位还不相称，与我国深厚的文化底蕴还不相称。同时，我们是在世界社会主义处于低潮的情况下高举社会主义旗帜，以美国为首的西方敌对势力从来就没有放松从意识形态上对我国进行“围剿”。在这样的背景下，加快提升国家文化软实力已经成为事关党和国家发展全局的重大而紧迫的课题。我们要在日趋激烈的国际文化竞争中赢得主动，切实提高国家文化软实力，维护国家文化安全，拓展我国的战略利益和发展空间，就必须坚持中国特色社会主义文化发展道路，更加主动自觉地推动社会主义文化大发展大繁荣。

4. 从切实解决当前文化建设面临的突出问题的角度看

毫无疑问，经过长期的探索与实践，我国社会主义先进文化建设取得了长足发展，中华文化的作用和影响引起世界更多关注，但仍存在不少亟待解决的问题。比如，文化发展同经济发展和人民日益增长的精神文化需求还不完全适应；一些地方和单位对文化建设的重要性、必要性、紧迫性认识不够，文化在推动全民族文明素质提高中的作用亟待加强；一些领域道德失范、诚信缺失，一些社会成员人生观、价值观扭曲，用社会主义核心价值体系引领社会思潮更为紧迫；公共文化服务体系不健全，城乡、区域文化发展不平衡；文化产业规模不大、结构不合理，束缚文化生产力发展的体制机制问题尚未根本解决；“西强我弱”的国际文化格局并没有得到根本扭转；等等。要解决上述这些问题，就必须坚持中国特色社会主义文化发展道路，推动社会主义文化大发展大繁荣，从而培养高度的文化自觉和文化自信。

5. 从世界文化发展的一般趋势的角度来看

“冷战”结束后，随着经济全球化的迅猛发展和科学技术的突飞猛进，国际政治格局发生重大变化，世界文化问题日益凸显。在这样的背景下，1998 年 11 月 4 日，联合国教科文组织在巴黎总部首次发表了《世界文化报告·1998》，其中专门探讨了各国如何重新调整文化政策。该报告指出，应更多地强调承认每种文化的应变能力，基于传统的创新的文化作品需要得到鼓励，文化政策可以与经济政策联系起来，以实现社会的文化目标与经济目标，政府需要重新把发展文化关系问题的焦点从单纯的经济成功的统计方式转向一系列更宽的问题，注意对有形和无形文化遗产的保护，发展并创新网络文化中的文化政策，强调文化共存是通用的全球规范，等等。对照这些政策，我们不难发现，中国特色的社会主义文化发展道路既突出“中国特色”，同时也兼顾了世界文化发展的一般趋势，是新时期文化建设的科学之路。

四、坚定不移走中国特色社会主义文化发展道路

中国特色社会主义文化发展道路已经开辟，建设社会主义文化强国的目标已经明确。实现党的十七届六中全会描绘的宏伟蓝图，坚定不移地走中国特色社会主义文化发展道路，是一个需要不懈奋斗、不断创造的伟大过程。我们必须在马克思主义的指导下，坚持社会主义经济、政治制度不动摇，树立高度的文化自觉和文化自信，全面落实全会部署，积极主动地做好各方面工作，推动兴起社会主义文化建设新高潮。

1. 必须坚持以马克思主义为指导

一方面，马克思主义是科学的世界观和方法论，是我们开展各项工作的理论前提和思维工具。坚持中国特色社会主义文化发展道路，同样也离不开马克思主义的指导。只有我们将马克思主义的基本原理、基本方法运用到文化建设中去，才能使得各项文化工作思路明确、方法得当，进而也才能推动社会主义文化大发展大繁荣。另一方面，我国尽管处在社会主义初级阶段，但毫无疑问属于社会主义国家。这种国家的根本属性，决定了中国特色社会主义先进文化只能以马克思主义为指导。换句话说，中国特色社会主义文化尽管包含着中国优秀传统文化，同时也借鉴了世界各国优秀文化和文明成果，但马克思主义却是其灵魂和核心，它是马克思主义中国化的一个重要组成部分。因此，只有坚持马克思主义指导思想，我们才能在错综复杂的文化环境中具有坚定正确的政治方向、价值信念，才能抵御各种不良文化、腐朽文化的侵扰和腐蚀，才能真正建设中国特色社会主义的先进文化。

2. 必须坚持社会主义基本经济制度

一方面，社会主义文化属于上层建筑范畴，它由社会主义的经济基础所决定，不仅具有相对的独立性，同时又极大地反作用于社会主义的经济基础。我国宪法规定：“中华人民共和国的社会主义经济制度的基础是生产资料的社会主义公有制”“在社会主义初级阶段，坚持公有制为主体、多种所有制经济共同发展的基本经济制度”。我国经济基础的社会主义性质，决定了我们必须走中国特色的社会主义文化发展道路，建设社会主义先进文化，并通过社会主义先进文化的反作用，来巩固我国的经济基础。另一方面，党的十七届六中全会明确提出要“构建现代文化产业体系，形成公有制为主体、多种所有制共同发展的文化产业格局”，这是文化体制改革的一个原则。只有坚持以公有制为主体

的文化产业格局，毫不动摇地支持和壮大国有或国有控股文化企业，毫不动摇地鼓励和引导各种非公有制文化企业健康发展，才能确保改革的正确方向，推动文化产业成为国民经济支柱性产业，促进社会主义文化大发展大繁荣。

3.必须坚持社会主义基本政治制度

文化作为观念的上层建筑，是经济基础和政治上层建筑的反映和保护层。发展社会主义民主政治，建设社会主义政治文明，最根本的就是要坚持党的领导、人民当家做主和依法治国的有机统一。三者中间，坚持党的领导和依法治国是根本途径，而人民当家做主是根本目的。人民当家做主体现了“中华人民共和国是工人阶级领导的、以工农联盟为基础的人民民主专政的社会主义国家”的国体，而坚持党的领导和依法治国体现了我国的政体。国体必须坚持，而政体随着情况的不断变化需要不断改革和完善。只有坚持社会主义制度这一中华人民共和国的根本制度，我们的文化建设的道路和方向才能不偏离，社会主义文化才有依附之体。

4.树立高度的文化自觉和文化自信

党的十七届六中全会的一个鲜明特点，就是突出强调了文化自觉和文化自信。文化自觉是对文化地位作用的深刻认识，是对文化发展规律的正确把握，是对发展文化历史责任的主动担当。文化自觉是推动文化繁荣发展的思想基础和先决条件。要深入学习贯彻党的十七届六中全会精神，进一步提高思想认识、增强文化自觉，以更加积极主动的姿态肩负起推动文化大发展大繁荣的时代重任。要自觉把文化繁荣发展摆在全局工作的重要位置，纳入经济社会发展总体规划，纳入科学发展考核评价体系，努力实现文化与经济、政治、社会建设以及生态文明建设共同推进、协调发展。文化自信是对自身文化价值的充分肯定，是对自身文化发展道路的坚定信念。当前，中国特色社会主义伟大事业正在波澜壮阔地向前发展，改革开放实践的深入推进和取得的丰硕成果，既为文化建设提供了有力支撑，又为文化创新开辟了广阔空间。我国文化正迎来一个繁荣发展的黄金期，我们要坚持自己的文化理想，对中国特色社会主义文化发展道路的前途充满信心，对最终建成社会主义文化强国的目标充满信心。

5.立足实际工作，创新文化发展措施

文化发展的过程就是不断回答时代和实践提出的新课题的过程。随着经济社会加速转型和科学技术迅猛发展，我国文化领域正在发生广泛而深刻的变革，文化改革发展遇到许多复杂情况，面临不少新的矛盾和问题。党的十七届六中全会提出的中国特色社会主义文化发展道路，侧重于从宏观上回答文化改革发展中全局性、根本性、战略性的重大问题，在很多方面提出了带有方向性的要求。我们要紧密结合自身实际，抓住那些基础性战略性工作，抓住那些重大部署和重大项目，集中力量和资源，全力以赴地加以推进，力争在重点领域和关键环节取得新的突破。同时，在深入调查研究的基础上，要进一步明确深化文化体制改革的各项政策，进一步细化文化建设各领域、各方面的工作措施，努力把原则要求变为可操作的工作措施，把目标任务变成实实在在的工作项目，加大各项工作推进力度，推动形成思想道德建设深入推进、文化事业全面繁荣、文化产业快速发展、优秀文化作品大量涌现、中华文化国际影响力不断提升的良好局面。

6. 建设高素质人才队伍，为文化事业繁荣发展提供有力人才支撑

建设高素质人才队伍，是坚持中国特色社会主义文化发展道路、建设社会主义文化强国的重要保障。党的十七届六中全会通过的《中共中央关于深化文化体制改革、推动社会主义文化大发展大繁荣若干重大问题的决定》中指出，推动社会主义文化大发展大繁荣，队伍是基础，人才是关键。要按照党的十七届六中全会提出的要求，坚持尊重劳动、尊重知识、尊重人才、尊重创造，深入实施人才强国战略，牢固树立人才是第一资源的思想，全面贯彻党管人才的原则，加快培养造就德才兼备、锐意创新、结构合理、规模宏大的文化人才队伍。要实施好“四个一批”人才培养工程和文化名家工程，造就各领域各门类高层次领军人物，推出和表彰一批人民喜爱、有国际影响的名家大师和民族文化代表人物。要适应文化改革发展新要求，加强专业文化工作队伍、文化企业家队伍建设，重视发现和培养社会文化人才，扶持资助优秀中青年文化人才主持重大课题、领衔重点项目，抓紧培养善于开拓文化新领域的拔尖创新人才、掌握现代传媒技术的专门人才、懂经营善管理的复合型人才、适应文化“走出去”需要的国际化人才。要加强基层文化人才队伍建设，鼓励和扶持群众中涌现的各类文化人才，充分发挥群众性文化活动积极分子的作用，充分调动文化志愿者的积极性，打造一支扎根基层、服务群众、专兼结合的基层文化队伍。

总之，我们党带领广大人民在改革开放和社会主义现代化进程中逐步探索形成的中国特色社会主义文化发展道路，是力求与时代潮流相随，与人类文明相伴，与中国优秀传统文化相承接，与中国特色社会主义事业总体布局相适应，与建设富强民主文明和谐社会主义现代化国家的目标相配合的文化强国之路。这条道路使我们明确了推进文化改革发展以什么思想为指导、围绕什么任务、沿着什么方向、坚持什么原则、按照什么要求、达到什么目的等一系列重大问题，是推进社会主义文化大发展大繁荣，提高国家软实力的光明之路。推进文化体制改革，创新文化发展理念，解放和发展文化生产力，推动文化事业全面繁荣、文化产业快速发展，必须坚持走中国特色社会主义文化发展道路。

第五章　深化文化体制改革　为推进文化大发展大繁荣提供强大动力

党的十七大对文化建设做出全面部署，提出文化是国家民族的软实力，要实现文化大发展大繁荣的目标，兴起社会主义文化建设的新高潮。十七届六中全会提出要深化文化体制改革、推动社会主义文化大发展大繁荣。深化文化体制改革，是解放和发展文化生产力的根本途径，是促进社会主义文化大发展大繁荣的强大动力，是推动经济社会发展的新引擎。以高度的文化自觉和文化自信全面深化文化体制改革，是解放和发展文化生产力的必由之路，是促进社会主义文化大发展大繁荣的根本途径。

一、深化文化体制改革的必要性

当今中国，文化越来越成为民族凝聚力和创造力的重要源泉、越来越成为综合国力竞争的重要因素、越来越成为经济社会发展的重要支撑、越来越成为人民幸福生活和社会文明进步的重要内容。文化的繁荣发展，关键要靠文化的改革创新，深化文化体制改革是推动文化繁荣发展的强大动力。

1. 深化文化体制改革是解决当前文化领域诸多矛盾和问题的迫切需要

改革开放以来，我国对传统的文化体制进行了改革，推动了文化事业和文化产业的发展。但我国文化体制机制大多是计划经济的产物，尽管经历多次改革，仍存在许多弊端，与市场经济和文化自身发展不相适应，对文化发展造成了极大制约。伴随着世情、国情、党情的发展变化，我国文化领域正在发生广泛而深刻的变革，推动文化大发展大繁荣既具备许多有利条件，也面临一系列新情况新问题。我国文化发展整体水平还不高，与经济社会发展和人民日益增长的精神文化需求相比，与推动科学发展、促进社会和谐的要求相比，与急剧变化的国际形势提出的要求相比，还不完全适应。党的十七届六中全会通过的《中共中央关于深化文化体制改革、推动社会主义文化大发展大繁荣若干重大问题的决定》从八个方面指出了当前文化领域存在的突出矛盾和问题，归结起来最主要的就是：一些领域道德失范、诚信缺失，一些社会成员人生观、价值观扭曲，文化在推动全民族文明素质提高中的作用亟待加强；文化的意识形态化、行政化和官僚化还比较严重，是导致文化异化变质、阻碍文化真正发展的重要原因；束缚文化生产力发展的体制机制问题尚未根本解决，文化产业规模不大、结构不合理，文化事业整体发展水平不高；文化走出去较为薄弱，中华文化国际影响力需要进一步增强，等等。要解决这些问题，进一步深化文化体制改革是必由之路，只有在深化改革中才能破解难题、消除痼疾，从根本上解决各种思想体制障碍，推动社会主义文化大发展大繁荣。

2. 深化文化体制改革是满足人民日益增长的精神文化需求的迫切要求

全面建成惠及十几亿人口的更高水平的小康社会，既要让人民过上殷实富足的物质生活，又要让人民享有健康丰富的文化生活。人民越富足，对精神文化生活的追求就越高，国家越富强，对国民精神境界提升的要求就越高。一方面，随着经济社会全面发展和物质生活水平提升，我国进入消费结构提升、文化消费活跃的阶段，对精神文化多层次、多样化的需求正在快速增长，人民群众的精神文化需求前所未有的强烈，求知求乐求美的愿望日益迫切，对实现自身文化权益的要求、丰富精神文化生活的期待越来越强烈，而我们提供的文化产品和服务无论在量上还是质上都还远远不能满足这些需要，出现了文化产品的供需矛盾。另一方面，当前我国公民的科学素质、人文素养与经济快速发展、社会全面进步的进程还不相适应，自由与平等意识、公平与正义意识、权利与义务意识、民主与法治意识等仍有待提高，公共理性、公共道德建设亟须增强。公民的文明素质已成为制约我国全面建设小康社会的一个短板，这迫切要求加快推进文化体制改革以促进文化繁荣发展，进一步发挥文化建设在提高人民思想道德素质和科学文化素质、培育社会文明风尚和和谐人际关系、塑造崇高人格和民族精神品格中的重要作用。

3. 深化文化体制改革是解放和发展文化生产力的关键因素

文化生产力是社会生产力的重要组成部分。推进文化体制改革，创造和培育良好的文化发展体制和机制，目的就是要解放文化生产力，实现文化产业和事业的更高更好发展。目前，文化体制机制与文化繁荣发展和整个社会发展的要求不相适应的矛盾仍然比较突出。文化生产能力不足，文化资源配置不够合理，文化活力没有充分激发，文化市场没有充分拓展，新型文化主体没有最终确立，文化工作者的热情和积极性创造性还没有充分调动起来，良好的文化环境还没有形成，规范的文化秩序还没有确立，文化投资文化创造的机制还不够合理。这些问题，都只有通过文化体制改革才能得到解决。为此，就必须加快推进文化体制改革，转变政府职能，改变政企不分、管办合一的管理模式，理顺政府与文化企事业单位的关系，真正做到政企分开、政事分开、依法管理、依法行政。公益性文化事业由政府主导，改革的方向是以“增加投入，转换机制，增强活力，改善服务”为重点；经营性文化产业由市场主导，改革的方向是以“创新体制，转换机制，面向市场，壮大实力”为重点。只有通过改革，才能够实现发展文化产业、培育文化市场主体、规范文化市场秩序、健全文化市场体系、推动文化事业发展和加快公共文化服务体系建设的目标，最终形成文化繁荣发展的新局面。

4. 深化文化体制改革是提高我国综合国力的重要保证

综合国力是一个主权国家所拥有的包括物质力量和精神文化力量在内的全部实力及国际影响力。经济全球化趋势的加速发展，使文化在综合国力中的地位更加突出。谁占据了文化发展的制高点，谁就能在激烈的国际竞争中掌握主动权。当前，我国综合国力显著增强，已成为全球第二大经济体，与此同时，我们积极实施文化走出去战略，中华文化国际影响力不断增强。也要看到，我国是有着悠久历史和灿烂文明的文化大国，但丰富的文化资源还没有转化为较强的文化软实力。我国文化国际影响力与经济国际影响力很不相称，文化产品输入国角色与物质产品输出国地位很不匹配。如何使我国在政治上更有影响力、经济上更有竞争力、形象上更有亲和力、道义上更有感召力，是我国文化软实力建设面临的新课题。中华文化是中华民族共有的精神家园，凝聚着中华民族对自然界和人类社会的历史认知和现实感受，是实现民族复兴的动力源泉和精神支撑。没有文化强国就没有现代化强国。中华民族伟大复兴必然伴随着中华文化繁荣兴盛。党的十七届六中全会通过的《中共中央关于深化文化体制改革、推动社会主义文化大发展大繁荣若干重大问题的决定》第一次把建设社会主义文化强国作为奋斗目标，作出重要战略部署，发出了建设社会主义文化强国的动员令。这就要求我们必须加快推进文化体制改革，破除障碍，吐故纳新，在弘扬优秀传统文化的基础上奋力开拓创新，创造出文化的新辉煌，永葆中华文化的生机与活力。

二、深化文化体制改革必须确立科学的文化体制机制

深化文化体制改革，推动社会主义文化大发展大繁荣，必须坚持马克思主义指导思想，坚持社会主义先进文化前进方向，以满足人民精神文化需求为出发点和落脚点，以改革创新为动力，发展面向现代化、面向世界、面向未来的，民族的、科学的、大众的社会主义文化。积极培育和完善文化市场，一手抓繁荣，一手抓管理，提高全民族文明素质，弘扬中华文化。社会主义文化大发展大繁荣需要文化制度上的有力推动和切实保障。中国社会主义国家制度和社

会主义市场经济制度，为社会主义文化大发展大繁荣奠定了坚实的基础。在此优势前提下，确立起合规律性与合目的性相统一的科学的文化体制机制就成为推动文化繁荣发展的关键所在。这就要求以高度的文化自觉和自信，着力构建充满活力、富有效率、更加开放、有利于文化科学发展的体制机制。

1. 建立健全文化服务人民的体制机制

文化发展要以人为本，以满足人民精神文化需求为出发点和落脚点，这是根本目的。但这个目的不能停留于观念，而要付诸实践，真正实现文化利民、文化惠民、文化育民，这就需要构建一系列体制机制来予以落实。文化服务人民主要体现为人民群众的基本文化权益得到充分保障，要以政府为主导，以公共财政为支撑，以公益性文化事业单位为骨干，以全民为服务对象，以基层特别是农村为重点，构建起覆盖城乡的公共文化服务体系，把文化服务人民、人民共享文化发展成果真正落到实处。

2. 建立健全文化促进经济发展的体制机制

随着信息时代的来临和传播媒介的高速发展，文化生产已日益成为当代经济生活和现代化大生产的一部分。电视、电影、出版、音像、文艺演出、体育比赛，乃至广告、信息、传播、娱乐等产业，已发展成为经济结构中的重要组成部分，甚至成为许多国家国民经济的支柱产业。文化与经济日益交融，在为经济发展提供强大精神动力的同时，文化的经济功能明显增强，经济的文化含量不断提高，文化产业对促进经济增长和经济发展方式转变的贡献越来越大。因此，文化大发展大繁荣要围绕重塑文化市场主体，加快推进国有经营性文化单位转企改制，加快建立完善的现代企业制度、法人治理结构，打造一批文化领域国有骨干文化企业和战略投资者，大幅度提高我国文化企业的规模实力和国际竞争力，进一步建构和完善促进文化经济发展、提高文化生产力的体制，使文化在经济发展中发挥其优化结构、增强活力的重要功能和独特优势。

3. 建立健全促进文化创新的体制机制

创新是文化的生命，是文化的本质特征，是推动文化繁荣发展、提高国家文化软实力的不竭动力，是社会主义文化大发展大繁荣的必要条件。在文化生产领域，我们也要更新观念，调整结构，力求从“中国制造”向“中国创造”的转化和提升。诚然，文化本身意味着积淀和传承，但如果没有创新性要素的参与和主导，文化就不能充分反映与时俱进的社会生活，就不能承担时代赋予的历史使命。文化创新最终要体现在文化产品的创新方面，因此，文化生产也必须纳入创新型国家建设体制，使之参与到国家知识创新体系之中。文化创新还要充分认识到科技进步对文化发展的重要作用，敏锐把握世界文化发展的新趋势，紧紧抓住信息化深入发展的历史机遇，加快文化与科技的融合，努力掌握文化发展和文化传播的主动权。

4. 建立健全加强文化管理的体制机制

通过科学有效的管理促进文化发展繁荣，要建立健全党委领导、政府管理、行业自律、企事业单位依法运营的文化管理体制和富有活力的文化产品生产经营体制机制，推进政企分开、政资分开、政事分开、政府与市场中介组织分开，推动形成行为规范、运转协调、公正透明、廉洁高效的管理体制。要切实加强实践探索和工作落实，深化认识，总结经验，把握规律，开拓创新，全面提高文化事业和文化产业管理科学化水平，确保文化健康有序发展，建立和完善中国特色社会主义文化管理体制，为各类文化主体创造良好的发展环境。

三、深化文化体制改革的途径

深化文化体制改革是一项长期系统的复杂社会工程，需要多方位着手，综合施策，才能取得切实成效。

1. 注重更新观念，常备忧患意识

理论创新、观念创新是文化体制改革的先导和前提。文化体制机制改革因涉及我国的整个上层建筑架构，事关国家文化制度的重建，极其复杂和艰巨。这就需要有一个更加符合我国实际的理论来指导。文化体制改革首先是观念的创新，需要观念的转变。要进一步解放思想，牢固树立新的文化发展观，不断深化对文化地位和作用、文化发展方向、文化发展动力、文化发展思路、文化发展目的的认识。要有强烈的忧患意识，清醒地认识到关系没有理顺，机制不健全，文化体制改革的滞后，是阻碍文化事业发展的“症结”所在；要有敏锐的市场意识，市场竞争就是优胜劣汰，文化要想在整个社会大市场中占有自己的一席之地，就必须勇于参与竞争，勇于挑战市场；要有自觉的创新意识，要改革，就不能坐等红头文件，也不可能在运作上整齐划一，要敢于创新，包括机制的创新，也包括运作方式的创新；要有超前的开放意识，立足全国，放眼世界，勇于破旧立新，开拓文化产业的空间，善于学习借鉴别人经验发展自己，打破陈规，走出自己的文化体制改革之路。

2. 遵循市场规律，转变管理职能

发展文化产业必须转变政府文化产业管理职能。要按照行政管理和市场经济的内在规律，建立精简、高效、廉洁、权威的大文化政府管理体制。我国现行的文化宏观管理机构由文化、广播影视、出版发行等几部分组成，造成了多头管理、职责交叉、政出多门的现象，不利于对大文化行业实施统一有效的管理与调控,应尽快进行改革,把深化文化产业改革同调整文化产业结构和促进文化产业发展结合起来,改变现有的行政管理模式。

3. 借助新兴媒体,创新传播方式

创新文化传播方式也就是对文化传播的手段进行创新,随着科学技术的发展,文化领域中的高科技应用越来越广泛,文化产品和服务的科技含量也越来越高,这就进一步要求我们要加强对高新科技手段在文化领域中的应用,特别注重运用新媒体的传播优势。一方面,通过影视、广播、音像乃至互联网来进行文化传播,可以提高传播效率,尽可能地扩大覆盖范围,为优秀文化产品的广泛传播提供更加强有力的武器。通过现代高新科技的成果在文化领域中的应用,可以快速推动对外文化交流和传播,尽快从原来的纸质传媒交流实现向更多运用现代网络传媒的转变,从而使我国的优秀文化在世界文化传播交流和竞争中保持主动地位。另一方面,由于高科技的传播手段是把双刃剑,一方面具有新颖性、现代性、趣味性以及很强的渗透性,如移动通信网、互联网、卫星传输网等,覆盖世界各个角落,另一方面也容易产生很强的破坏性,其负面作用也很大,不良的信息、价值观,多元化的思想也会损害社会主义道德体系,产生新的社会矛盾,危及社会稳定。为此,我们也需要利用现代高科技手段进行防范,防止各种虚假宣传和恶意攻击,及时发现和清除网上的精神垃圾,使具有中国特色的社会主义文化既能满足全球化的需求,又能在全球化进程中得以健康稳步的发展。

4. 创新文化产品,拉动文化内需

重塑和培育合格市场主体,是深化文化体制改革的关键。要完善市场机制,不断提升市场手段在文化产业发展中的作用。要在激烈的市场竞争中取得主动,最根本的办法是迅速把自己做大做强。从宏观经济形势的发展来看,最主要的就是转变经济发展方式,刺激内需,推动经济、社会、政治、文化的协调发展。其中比较重要的一个转变就是刺激文化内需,文化市场内需越大,产品的销路就越畅,这就要求在发展文化产业中,采用新的思维方式,积极扩大文化市场的内需,拉动消费。而要真正成为市场主体,需要企业拥有在市场中进行资源聚集和组织生产的独立权益,并能独立承担相应义务和责任。这就需要我们大力推行政企分开,明晰企业产权,使之成为享有民事权力,承担民事责任,依法自主经营、照章纳税、自负盈亏、自我发展、自我约束,对出资者承担资产保值增值责任的独立法人实体和市场竞争主体。另外,要健全文化市场,拉动文化内需市场,就必须打破按部门、地域和级别分配文化资源和产品的传统体制,打破条块分割、地区分割、城乡分离的市场格局,这样才能促进统

一、开放、竞争、有序的现代文化市场体系的早日形成。

5. 加快法制建设，健全保障体系

任何一种模式的国家文化制度都和一个国家的法律制度相联系，反映着一个国家的法律制度作用与文化管理的完备性程度。当前，文化法制的不健全和文化政策制定的随意性，是造成我国文化制度性缺陷的重要因素。文化体制改革是一次全面涉及我国政治、经济和社会各个方面利益关系的全面改革，它不仅对内将要改变原有的文化利益格局，调整各种文化利益关系，对外还会涉及中国加入世界贸易组织在开放文化市场方面的各项承诺的兑现，建立起一种新的涉外文化体制和机制。从这个意义上来说，文化体制改革在维护国家文化主权方面，在实现国家文化制度重建的同时，需要建立新的国家文化安全体系，完备的文化法制体系和完备的文化法律机制是国家文化安全体系的科学建立所必不可少的条件。转变政府文化管理职能，既是我国文化体制改革的重点，也是重建我国文化法制体系，实现文化上的依法治理和建构国家文化安全新的保障系统的重要制度性改革。在这样一个事关国家文化安全和国家文化制度重建的问题上，一刻都不能没有它在法律上的合法性。对于文化创新而言，政府的投入和保障应该是一个多领域、多层次的综合体系，其主要内容是建立有效的筹资机制和多元化的投入体制，建立相关的文化扶持政策，使我们的文化创新有一个良好的政策环境。为此，我们应该构建良好的社会环境，充分领悟到文化体制改革的最终目的是以文化创新为契机，进一步解放和发展生产力，增强我国文化产业的竞争力和文化的整体实力，进而促进文化建设与社会建设、政治建设、经济建设的协调发展。

此外，还应该注意将家庭伦理道德文化、校园文化建设、企业文化建设、城市文化建设、社区文化建设、政府行政伦理建设和公民道德素质建设整合起来，提升城市文化形象和文化竞争力，促进农村文化建设，促进日常生活中人际交往关系的和谐文明以及审美进取氛围的形成，铸造提升民族精神，构建学习型社会，全方位地建立先进文化传播的良好机制。

四、深化文化体制改革应着重把握的问题

改革本身不是目的，启发文化自觉、建立文化自信，提供更多更好的文化产品以满足人民需求，促进社会公共文化服务均等化，为经济社会发展提供精神动力和文化支撑才是真正目的。特别是在推进文化体制改革的进程中，要在确保一手抓公益性文化事业，一手抓经营性文化产业的“双轮驱动”的基础上，具体做到以下“四个注重”：

1. 推进文化体制改革是一项长期繁杂的系统工程，需要持之以恒的韧劲和苦功夫，要特别注重持续性

从当前的形势和工作态势看，推进文化体制改革并不是一朝一夕的事，一项改革的推进和落实，是需要一个复杂和长期的过程的，随着改革的不断深入，遇到的矛盾和问题也会越来越多，这些矛盾和问题也会越来越尖锐和棘手，有的甚至成为无解的难题。因此，必须对此有一个做长期工作的准备，把这项工作做好、做实、做成。在推进的过程中，要特别注重保持这项改革的持续性，通过坚持不懈地推进改革，解决文化体制方方面面存在的问题，破解改革进程中的难点和焦点问题，探索文化体制改革新鲜的经验和新的特点规律。只有这样，通过持续不断地推进改革，坚持不懈地实践探索，才能真正把文化体制理顺，把改革任务扎扎实实地完成好。

2. 推进文化体制改革是一项带有创新突破特质的艰巨任务，需要在着眼于完善体制机制架构上考虑问题，要特别注重创新性

改革的过程既是一项带有明显创新特质的过程，也是一个带有突破特质的艰巨任务。艰巨就在于它所要求的创新和突破特质。在推进文化体制改革的过程中，必然会遇到一些新问题和新挑战，在应对这些挑战和问题中，完全运用老经验、老办法，或简单套用西方国家以及发达省份的经验和做法，显然是一种不符合实际的做法。因此，在推进文化体制改革的每一个环节、每一个过程中，都必须积极用创新的理念指导改革，用突破的思维引领实践。同时，创新思维的形成和定型，必须着眼于构建一个完善的体制机制去思考和研究问题，这才更符合我们最初改革的愿景。因此，在推进文化体制改革的进程中，创新永远是改革本身的动力和源泉，必须鲜明地得到体现。

3. 推进文化体制改革是一项牵动改革发展全局的重点工作，需要审慎决策扎实推进，要特别注重实效性

文化体制改革是改革的一个侧面，也是一个关键改革，它的成败，对于整个文化体制的创新和发展至关重要，这已经为人们所共识。要看到文化体制改革对于改革发展全局的重要意义，要防止由于文化体制改革的不顺畅而影响到改革发展的全局。因此，要高度重视文化体制改革这项工作，对各项推进措施要超前筹划，进行多个轮次的科学论证，认真地制定各种预案和措施，审慎地做出文化体制改革推进的各种决策，力求决策科学、兼顾各方、规避风险、减少失误，同时，对改革的过程进行全程的掌控和监测，确保不出现改革失误，取得实实在在的文化体制改革成效。

4. 推进文化体制改革是一项涉及一些单位和个人利益的敏感问题，需要以人为本兼顾各方，要特别注重和谐性

由于改革势必会影响到一些事业单位、文艺院团整体和个人的切身利益，操作不好也会影响到单位以及队伍的稳定，严重的还可能深化为一些社会矛盾问题，不利于和谐社会建设大局。因此，要坚持以人为本的原则，力求取得广大职工的理解和支持，让大家成为改革的推动者、支持者和响应者，而不是改革的阻碍者和反对者。特别是在处理涉及一些单位和个人切身利益问题的时候，要全方位地考虑，既要扎实推进做到局部利益服务全局利益，同时也要关心关注和切实考虑个人的需求和愿望，在合理合法的范围内尽量满足大家的需求，减少改革对个人切身利益的冲击和影响。要通过突出这种和谐氛围和友情操作，让大家看到，改革不是为了把大家的根本利益改没，更不是把服务群众的社会功能和社会效益降低，而是真正从近期和长远考虑，从切实维护公众利益、保护公众利益和拓展公众利益出发，让人民群众共享文化发展成果。通过扎实的工作，要逐步形成文化体制改革各方共同支撑、活力不断迸发、成效不断显现的生动局面。

第六章　构建社会主义核心价值体系是建设社会主义文化强国的根本任务

党的十七届六中全会通过的《中共中央关于深化文化体制改革、推动社会主义文化大发展大繁荣若干重大问题的决定》明确指出:“坚持推进社会主义核心价值体系建设,用马克思主义中国化最新成果武装全党、教育人民,用中国特色社会主义共同理想凝聚力量,用以爱国主义为核心的民族精神和以改革创新为核心的时代精神鼓舞斗志,用社会主义荣辱观引领风尚,巩固全党全国各族人民团结奋斗的共同思想道德基础。”可见,社会主义核心价值体系是一个相互联系、相互贯通、相互促进的有机统一体。它作为社会主义制度的内在精神和生命之魂,是在马克思主义的指导下提出的符合中国特色社会主义建设的新的理论成果,是巩固全党全国各族人民团结奋斗的共同思想基础,也是社会主义文化建设的重要内容,决定着中国特色社会主义发展方向。没有社会主义核心价值体系的引领,中国特色社会主义建设就会迷失方向。

一、深刻认识社会主义核心价值体系的重要地位

任何一个国家、一个民族、一个社会在认识和改造世界、创造和实现价值的过程中,在长期共同的实践和认识活动中,必然要形成一定的价值观念体系。在这个价值观念体系中,居于核心地位、起主导和统领作用的就是其核心价值体系。社会主义核心价值体系是社会主义价值体系中最基础、最核心的部分,是在社会主义革命、建设和改革开放历程中逐步形成和发展起来并指导社会主义健康发展的价值目标和体系,是中华民族长期秉承的反映社会主义本质和建设规律的根本原则和价值观念的理性集合体,是反映社会主义基本的、长期稳定的社会关系及价值追求的价值体系。社会主义核心价值体系支撑着中国人民在建设社会主义长期实践中的行为指向和行为准则,从更深层次影响着建设中国特色社会主义伟大征程中的思想方法和行为方式。

1. 社会主义核心价值体系是兴国之魂

“社会主义核心价值体系是兴国之魂”是党的十七届六中全会作出的一个全新判断,它深刻阐述了社会主义核心价值体系在整个中国特色社会主义建

设中的历史地位。深刻把握这一判断的内涵和实质对于推进社会主义现代化建设具有极其重大的意义。

从党的历史加以考察，社会主义核心价值体系是建党90多年奋斗、创造、积累的成就，是历史的选择与积淀。中国共产党就是在坚持、发展、创造社会主义核心价值体系的艰难实践中走过来的。正如党的十七届六中全会所指出的那样，“中国共产党从成立之日起，就既是中华优秀传统文化的忠实传承者和弘扬者，又是中国先进文化的积极倡导者和发展者。”作为“兴国之魂”，社会主义核心价值体系更突出地体现在对社会思潮的引领作用和对中国特色社会主义发展方向的保障作用。随着改革开放的不断深入，各种社会思潮相互激荡，人们的思想观念日益多元化。用什么理论统一人们的思想和行为，用什么精神引领社会思潮、巩固全党全国各族人民团结奋斗的思想道德基础，是关乎中国特色社会主义方向的重大问题。在当代中国，能够担当此重任的只有社会主义核心价值体系，社会主义核心价值体系的每一个方面都发挥着不可替代的作用。

当人类社会进入21世纪，文化软实力成为综合国力的重要砝码。所谓软实力，目前一般是指相对于物质形态力量而言的精神形态力量，主要表现为政治力、文化力、外交力等。而文化力中的核心价值观则是最为重要的软实力，称之为核心软实力，因为它更为集中而有力地展现出人类所特有的这种精神形态的整合、凝聚和指向功能。党的十七届六中全会发出了建设社会主义文化强国的伟大号召，指明了文化强国的“中国道路”，并明确指出“增强国家文化软实力，弘扬中华文化，努力建设社会主义文化强国”。这是当代中国和平崛起的新起点，是走向中华民族复兴的新阶段。这将给从悠久文明古国走来的炎黄子孙以更强有力的文化自觉和自信，以建设社会主义核心价值体系为根本任务，引领风尚，弘扬正气，促进社会主义先进文化大发展大繁荣，以崭新的“文化中国”形象屹立于世界民族之林！

2. 社会主义核心价值体系是社会主义先进文化的精髓

党的十七届六中全会明确指出社会主义核心价值体系是“社会主义先进文化的精髓”，这一论断深刻阐述了社会主义核心价值体系在当代中国文化建设中的历史地位，也揭示了社会主义核心价值体系的科学内涵。

随着国内外形势的发展，文化越来越成为民族凝聚力和创造力的重要源泉。文化是一个国家的价值观体系和思维方式，是一个民族得以延续并保持自己民族特色的精神支柱，是维系和传递社会价值观念的母体。任何国家、民族与社会的发展，都需要一定的思想文化和价值观的支撑。任何一种价值观也都是在特定的文化背景下产生并随着文化的传承而逐步传播或消失的。一个国家、一个民族如果没有先进文化的积极引领，没有人民精神世界的极大丰富，没有全民族创造精神的充分发挥，就难以屹立于世界先进民族之林。

文化可分为观念层面和现实层面，观念层面涉及对世界的整体看法、对人生的基本态度、对社会的基本观点、思考认识问题的主要方式、人际交往的主要原则，以及审美情趣、兴趣爱好等方面的内容；现实层面主要包括有形的文化载体和无形的文化发展运行传递的方式以及相关的制度体制。其中观念层面中的对世界的整体看法、对人生的基本态度以及对社会的基本观点和思考认识问题的主要方式在文化体系中占据主导地位，是一个社会核心价值体系的集中体现，直接决定和影响了文化其他方面的发展。先进文化代表了一个社会文化的前进方向和未来的发展趋势，在社会文化中居于主导地位。社会主义先进文化作为中国现代社会发展的精神动力和智力支持，越来越成为民族凝聚力和创造力的重要源泉，越来越成为经济实力增长、社会和谐发展、综合国力竞争的重要因素，为坚持和发展中国特色社会主义提供了强大的精神力量。“社会主义先进文化是马克思主义政党思想精神上的旗帜，文化建设是中国特色社会主义事业总体布局的重要组成部分”。社会主义核心价值体系作为社会主义文化的重要组成部分，是社会主义先进文化的精髓，代表着社会主义文化的前进方向和未来的发展趋势，决定着中国特色社会主义发展方向。当前，我国实施社会主义文化大发展大繁荣战略，就是要充分利用文化大发展大繁荣的平台和载体，通过在文化现实层面的发展来推动观念层面的更新，产生感召力和吸引力，最大限度地形成社会共识，达到凝聚力量激发全民族文化创造力，提高国家文化软实力的目标，为建设和谐社会提供文化源泉和精神动力。

3. 社会主义核心价值体系是社会主义意识形态的本质体现

核心价值体系是一个社会主流意识形态的集中体现，关系到一个社会靠什么来统一思想、凝聚人心、汇集力量、推进发展的重大理论问题和现实问题。意识形态是系统、自觉、直接反映社会经济形态和政治制度的思想观念。从本质上说，任何社会的意识形态都是统治阶级思想意识和自身利益的反映。任何阶级、国家在意识形态建设中，都总是努力形成和不断巩固其核心价值体系，为实现自身的战略目标和理想信念、推行相应的伦理道德规范等奠定坚实的思想基础。对于执政党来说，选择什么作为自己的核心价值体系，怎样建设自己的核心价值体系，不仅关系到这个执政党执政地位是否牢固，更关系到执政党自身的生存与发展，直接决定了这个执政党的意识形态能否成为全社会的意识形态。因此，对于任何一个执政党来说，选择什么作为自己的核心价值体系，怎样建设自己的核心价值体系无疑是执政党必须考虑的战略问题。

在社会主义中国，社会主义核心价值体系就是占主导地位、起统领作用的社会意识形态。胡锦涛同志在十七大报告中明确提出要“建设社会主义核心价值体系，增强社会主义意识形态的吸引力和凝聚力”，强调“要巩固马克思主义指导地位，坚持不懈地用马克思主义中国化最新成果武装全党、教育人民，用中国特色社会主义共同理想凝聚力量，用以爱国主义为核心的民族精神和以改革创新为核心的时代精神鼓舞斗志，用社会主义荣辱观引领风尚，巩固全党全国各族人民团结奋斗的共同思想基础”。这就从理论上阐明了社会主义核心价值体系建设与增强社会主义意识形态的吸引力和凝聚力之间辩证统一的关系。一方面，社会主义核心价值体系在意识形态中的地位，决定了必须以社会主义核心价值体系来引领社会主义意识形态建设。社会主义核心价值体系反映了社会主义意识形态的本质，在我国整个社会价值体系中居于核心地位，是中国共产党在思想上树立起的一面旗帜，是我们国家和民族赖以存在和发展的精神支柱。另一方面，社会主义意识形态涵盖了社会主义核心价值体系四个方面的基本内容，蕴涵着社会主义的社会理想、社会信念、社会价值观和社会行为准则的基本取向，从不同的侧面反映了社会主义制度的本质要求。

二、充分认清构建社会主义核心价值体系的现实紧迫性

当今时代，从总体上看，我国当前的意识形态安全状况和文化安全状况尚好，但也面临许多现实的挑战。随着经济全球化与世界多极化的迅猛发展，各国综合实力竞争激烈，意识形态领域风云激荡。党的十七届六中全会指出：“当今世界正处在大发展大变革大调整时期，世界多极化、经济全球化深入发展，科学技术日新月异，各种思想文化交流交融交锋更加频繁，文化在综合国力竞争中的地位和作用更加凸显，维护国家文化安全任务更加艰巨，增强国家文化软实力、中华文化国际影响力要求更加紧迫。”当前，当代中国也已经进入了“全面建设小康社会的关键时期和深化改革开放、加快转变经济发展方式的攻坚时期，文化越来越成为民族凝聚力和创造力的重要源泉、越来越成为综合国力竞争的重要因素、越来越成为经济社会发展的重要支撑，丰富精神文化生活越来越成为我国人民的热切愿望”。各种思想文化相互激荡，人们的价值观也呈多样化发展。人们原有的价值理念和道德标准受到了严峻挑战，思想观念上出现了疑惑、误解，甚至迷失方向的现象，也使国家的文化安全面临巨大挑战。这就需要我们在构建社会主义和谐社会的时候有一个强大的理论为

"社会主义的船"掌"政治方向的舵"。因此，应对挑战的严峻现实迫切要求构建社会主义核心价值体系。

1. 构建社会主义核心价值体系是有效应对社会转型期主流价值观认同危机的迫切需要

改革开放以来，随着我国社会经济成分、组织形式、就业方式、利益关系和分配关系的多样化，社会结构和利益格局出现了变化，人们的思想观念也产生了深层次变化，使人们的价值观念呈现出多元化的特征。人们思想活动的独立性、选择性、多变性和差异性进一步增强，价值取向多样化趋势更加明显，各种正确的与错误的、先进的与落后的、主流的与非主流的思想观念相互交织、相互碰撞。多元价值取向是社会转型和经济发展的必然结果，它的出现具有历史进步性，但价值观念的多元化也不可避免地造成不同价值观之间的相互碰撞和摩擦，甚至冲突，彼此削弱，从而在一定程度上会弱化主流意识形态的整合功能，特别是影响部分民众对主流意识形态的信仰和忠诚，对主流意识形态的安全造成冲击，引发政治认同危机，最终影响社会的进步和发展。

第一，马克思主义的指导地位在思想文化领域有着某种程度的削弱。早在改革开放初期，党中央就充分估计到我国意识形态领域可能出现的情况，提出了坚持和巩固马克思主义在我国意识形态领域的指导地位的问题。经过多年的实践，今天看来，这仍然是一个紧迫的现实问题。当前形势下，尽管党和政府坚持马克思主义的指导地位不动摇，但在一些非主流媒体（特别是网络）以及在一部分社会群体中，非马克思主义的意识形态有所滋长，突出表现为：一方面，来自"左"的和"右"的对马克思主义怀疑、否定的思潮，出现了诸如马克思主义"过时论""空想论""失败论"，马克思主义就是"违反人性"的"灾祸论"等。另一方面，伴随着对西方各种思潮的认同，马克思主义不断受到诋毁。有的人有意无意地借其他社会思潮冲击、取代马克思主义在意识形态领域的主导地位。尽管各种试图诋毁马克思主义的思潮不能自圆其说，缺乏科学性，难成气候，但不可否认，一个时期以来，我们在马克思主义研究、宣传、教育方面，事实上也存在一些不容忽视的问题，从而使得这些思潮有生存的空间和一定的市场。所有这些，无疑对主流价值取向有一定的消解作用，使得马克思主义的指导地位在思想文化领域有着某种程度的削弱。

第二，思想和价值取向的多元化和多样性一定程度上也冲击和影响着主流思想和价值取向。我国多种所有制、多种分配方式和多种利益主体并存的现实，势必会形成多元利益关系的格局，这就不可避免地会引起人们思想意识的相应变化，使得意识形态领域呈现出多元化的趋势。思想的多元化并不必然是坏事，但现实中，由于意识形态领域存在着诚信失落、价值迷失、善恶混淆、美丑颠倒、知行分离的问题，消极的、颠倒的、扭曲的价值观有着较大的存在空间，是与非、善与恶、美与丑、荣与辱的界限被某些杂乱无章的多元价值取向所混淆。因此，多元化的思想意识在一定程度上对主流价值带来了冲击和消解。

第三，物质化的倾向泛滥和其对思想文化的渗透也是威胁文化安全的重要因素。当下中国人的精神生活与信仰领域，以消费主义、享乐主义为特征的物欲主义大行其道，物质化倾向不断向思想领域渗透。人们重物质追求、淡化思想意识，以马克思主义为内核的社会主义传统价值观在一些领域处于失落的状态。这些问题的出现，再加上根深蒂固的封建主义腐朽没落思想的影响，拜金主义、享乐主义和极端个人主义的滋长等，使社会主义主流意识形态和主流文化的地位在一定程度上遭到严重冲击，主导价值观认同感降低，社会整体凝聚力和动员力下降，也使得意识形态安全问题凸显，对我国的文化软实力建设提出了严峻挑战。

2. 构建社会主义核心价值体系是有效应对西方文化渗透和冲击的迫切需要

历史经验证明，敌对势力要搞乱一个国家、颠覆一个政权，往往先从意识形态领域打开突破口，先从搞乱人们的思想价值观念入手。由于在意识形态、政治制度、价值观念、国家利益、全球战略利益等方面的巨大差异和分歧，资本主义与社会主义两种制度的较量一直存在，以美国为首的西方资本主义从未放弃过对社会主义国家的敌视和渗透。而且随着经济全球化趋势的不断发展，科学技术的飞速发展，全世界政治、经济、文化生活联系日益加强，西方资本主义凭借超强的经济实力和文化优势也趁机加强了对发展中国家的文化渗透和文化侵略，各种思想观念乘虚而入，多元价值观相互交融、相互激荡十分突出。尤其是，近年来美国加强了对中国的意识形态攻心战：通过“媒体帝国主义”手段对中国进行持续的妖魔化宣传，企图在文化上削弱甚至瓦解中国的民族精神。西方文化和价值观念的传播、渗透严重冲击和影响着我党赖以执政的合法性思想基础。

第一，经济全球化带来了思想价值观念的多元化。经济全球化为西方文化和价值观念的传播、渗透提供了绝好的契机，西方的各种不同观点、不同文化和价值观，甚至消极、不健康和反动的思想价值观念大量涌入。世界范围内不同思想文化相互激荡、不同价值观念激烈斗争，一些西方国家借我国改革开放之际，趁着我国对外开放广度和深度进一步加大，大肆向我国输入各种资本主义价值观念，干扰我国社会主义核心价值体系的建设。所有这些都交织在一起，削弱了我国社会主义核心价值体系的力量，严重阻碍了社会主义核心价值体系作为主流价值作用的发挥，成为社会主义建设的不和谐因素。

第二，敌对势力思想文化渗透的图谋愈演愈烈。在国际局势深刻变化和国内改革不断深入的过程中，西方敌对势力对我国实施“西化”“分化”的战略图谋从来没有改变，各种反马克思主义思潮的影响也没有减弱，资产阶级腐朽价值观念和封建主义残余思想的侵蚀不但没有停止，反而变本加厉，花样繁多。西方不断在所谓人权、民主、自由、民族、宗教问题上，重点就着眼于思想文化领域的渗透，对社会主义国家开展心理战和宣传战，妄图通过思想文化的渗透，使人们的价值观扭曲、理想信念动摇，破坏我们的共同理想和精神支柱，从而消解中华民族的凝聚力。这在思想上给我国社会主义和谐社会的构建带来严重破坏，不断侵蚀和削减着我国社会主义核心价值体系思想调控机制的功能，给我国社会主义核心价值体系的思想调控机制带来新的阻力和困难。

第三，网络世界的扩展延伸加大了党和国家对社会思潮、价值观念控制和引导的难度。随着信息技术的突飞猛进，计算机互联网等电子媒体成为西方国家推行其价值观念的重要工具。以美国为首的西方国家凭借其强大的技术优势和经济后盾，借助网络迅捷的信息传播功能，利用互联网攻击社会主义核心价值体系，对我国公民输出其政治信仰、价值观念、伦理道德、生活方式和行为准则，企图使之成为全世界普适的价值规范和标准，诱导我国公民按西方所信仰的价值观念行事。网络的交互性、即时性和开放性，使我们很难遏制跨越国界的信息传递，给控制敌对势力的意识形态渗透带来了难度。从现实情况看，目前互联网上所充斥的大量信息带有浓烈的政治色彩和价值倾向色彩，如果引导不好就会使我国受众的社会价值观念产生不好的变化，从而造成对我国社会主义核心价值体系的冲击和挑战。

所以，我们必须从关乎社会主义事业生死存亡的高度、从现代化建设兴衰成败的高度来看待我国面临的挑战，着力构建社会主义核心价值体系，维护我国意识形态安全、防止和平演变，这样才能使我们在纷纭复杂的国际竞争中立于不败之地。

三、社会主义核心价值体系的基本内容

社会主义核心价值体系基本内涵是指坚持马克思主义在意识形态领域的指导地位，牢牢把握社会主义先进文化的前进方向，倡导和谐理念，培育和谐精神，进一步形成全社会共同的理想信念和道德规范。其基本内容包括四个

方面:马克思主义指导思想、中国特色社会主义共同理想、以爱国主义为核心的民族精神和以改革创新为核心的时代精神、社会主义荣辱观。

1. 马克思主义指导思想是社会主义核心价值体系的灵魂

马克思主义的指导,就是马克思主义的立场、观点和方法的指导。坚持以马克思主义为指导思想,是建设社会主义的基本原则;而不断发展着的马克思主义指导思想,则是我们立党立国的根本指针。因此,在建设社会主义核心价值体系的基本内容中,马克思主义指导思想必须占据首要地位。马克思主义作为无产阶级革命和社会主义建设的指导思想,是由马克思主义的本质特征和革命及建设的需要决定的。一百多年来,无产阶级革命和民族解放运动的发展,以及它所带来的世界进步,都同马克思主义的指导和影响是分不开的。以马克思主义为指导思想,则需要信仰马克思主义的每一个共产党人、特别是处于执政和领导地位的共产党人以实事求是的实践精神和巨大的理论勇气推动马克思主义指导思想的发展。从某种意义上说,马克思主义160多年的发展史,就是一部不断发展、完善和创新的马克思主义发展史。中国共产党人坚持把马克思主义的基本原理同中国具体实践相结合,形成了毛泽东思想和中国特色社会主义理论体系。这些马克思主义中国化的重大理论成果,指导中国革命、建设和改革开放事业取得了辉煌胜利。马克思主义正是靠着这种与时俱进的品质,才会在发展的实践中,不断地被赋予鲜明的时代精神,成为中国革命和建设的指导思想。总之,马克思主义指导思想应当不断地在实践积累和理论探索中推进和发展,将它作为建设社会主义核心价值体系的首要和基本的内容,社会主义就能不断地走向胜利。

2. 中国特色社会主义共同理想是社会主义核心价值体系的主题

中国特色社会主义是马克思主义立场观点方法的具体体现和创造性应用,是马克思主义普遍真理与中国具体实践相结合的产物。中国特色社会主义的共同理想是全国人民一起努力奋斗的精神动力。共同理想是一个民族、一个国家的灵魂所系。在中国历史上,出现过许多伟大的理想主义者,他们曾经为建立一个理想社会提出了自己的设想甚至付诸实践。在中国古代曾把理想社会称为“大同”,其核心是“天下为公”。中国近代资产阶级维新派的代表康有为在他的《大同书》中把大同社会幻想成“无邦国、无帝王、人人平等、天下为公”的社会。而孙中山先生领导的资产阶级革命,则是建立一个“民有、民治、民享”的民主共和国,但是这一社会理想由于中国的社会条件和状况的限制最终未能实现。在中国共产党的领导下,中国人民建立了中华人民共和国,开启了中华民族发展的新纪元。但是,社会主义作为一种全新的社会形态,需要各国共产党人在实践中不断丰富这一社会主义理论。在这个征程中，虽然有过失误和挫折，但善于和勇于在失误和挫折中汲取教训和经验的中国共产党人始终未放弃对于建设一个美好社会主义的价值理想。特别是党的十一届三中全会以来，中国共产党日益清晰地探索出“什么是社会主义、如何建设社会主义”这一最根本的问题，逐渐明晰了中国社会的发展目标和路径。并在此基础上，发展和形成了中国特色社会主义共同理想，这就是：在中国共产党的领导下，走中国特色社会主义道路，实现中华民族伟大复兴，把我国建设成为富强、民主、文明、和谐的社会主义现代化国家。这一共同理想把党在社会主义初级阶段的目标、国家的发展和民族的振兴与个人的幸福联系在了一起。它反映了中国共产党和中国人民的最核心的社会价值追求，是全民族的精神纽带和团结奋斗的强大动力。因此，它理应成为社会主义核心价值体系的主题。

3. 以爱国主义为核心的民族精神和以改革创新为核心的时代精神是社会主义核心价值体系的精髓

民族精神是一个民族在长期的共同生活和共同的社会实践基础上形成和发展的，为民族大多数成员所认同和接受的思想品格、价值取向和道德规范，是一个民族的心理特征、文化传统、思想情感等的综合反映。以爱国主义为核心的民族精神是中华民族生生不息、薪火相传的精神支撑。时代精神是一个社会在新的创造性实践中激发出来的，反映社会进步的发展方向、引领时代进步潮流、为社会成员普遍认同和接受的思想观念、价值取向、道德规范和行为方式，是一个社会最新的精神风貌的体现。以改革创新为核心的时代精神，是当代中国人民不断创造崭新业绩的力量源泉。总之，民族精神和时代精神是一个民族赖以生存和发展，自立于世界民族之林的精神支柱。5 000 多年来，中华民族优秀儿女在创造辉煌历史的进程中，不断培育、积累和形成了以爱国主义为核心的团结统一、爱好和平、勤劳勇敢、自强不息的伟大民族精神。这一民族精神是维护国家团结统一、鼓舞人们奋发进取的精神旗帜，也是中国人民在未来的岁月里继往开来、走向繁荣富强、构建和谐社会的精神纽带。在新的历史时期，人类文明和社会进步的速度明显加快。我们党紧跟时代前进的步伐，在继承和发扬革命和建设年代优良传统的基础上，又引领全社会形成了以改革创新为核心的时代精神。这两大精神成为当代中国不断创造崭新业绩和世界奇迹的力量源泉，是社会主义核心价值体系不可或缺的重要组成部分，成为社会主义核心价值体系的精髓。

4. 社会主义荣辱观是社会主义核心价值体系的基础

荣辱观是人们在依据一定的思想道德标准进行自我评价、社会评价的活动中，逐渐形成的关于荣辱观念的总和，是个别的、零散的荣辱观念的理性升华。面对新世纪新阶段的机遇和挑战，胡锦涛同志提出了以“八荣八耻”为主要内容的社会主义荣辱观，对社会主义荣辱观作了深入和系统的阐述。“以热爱祖国为荣、以危害祖国为耻，以服务人民为荣、以背离人民为耻，以崇尚科学为荣、以愚昧无知为耻，以辛勤劳动为荣、以好逸恶劳为耻”，这“四荣四耻”体现了以爱国主义为核心的中华民族精神，体现了为人民服务的人生观，是以集体主义为原则的社会主义道德的“五爱”的基本要求，也是每个公民应当承担的法律义务。“以团结互助为荣、以损人利己为耻，以诚实守信为荣、以见利忘义为耻，以遵纪守法为荣、以违法乱纪为耻，以艰苦奋斗为荣、以骄奢淫逸为耻”，这“四荣四耻”体现的是家庭生活、职业生活、社会公共生活等领域中公民应遵循的最基本准则。可以说，社会主义荣辱观对于形成全社会共同的道德规范具有重要现实意义，也会内在地促进社会主义社会道德水平的进步与发展，从而使社会主义的发展日益凸现出人类社会发展的恒久价值追求。因此，以“八荣八耻”为主要内容的社会主义荣辱观理当成为社会主义核心价值体系的基础。

马克思主义指导思想、中国特色社会主义共同理想、以爱国主义为核心的民族精神和以改革创新为核心的时代精神、社会主义荣辱观，构成社会主义核心价值体系的灵魂、主题、精髓和基础。它们是社会主义意识形态最重要的部分，是从党领导人民在长期实践中形成的丰富思想文化成果中提炼和概括出来的精华，是对社会主义核心价值体系深刻内涵的科学揭示和全面诠释。社会主义核心价值体系，作为中国社会的主文化、我们时代的主旋律，作为不同思想领域核心价值组成的体系，为判断是非曲直、确定价值取向、进行行为选择提供了基本的准则。社会主义核心价值体系是社会主义制度的内在精神和生命之魂，是社会主义意识形态大厦的基石，它决定着社会主义的发展模式、制度体制和目标任务，在所有社会主义价值目标中处于统摄和支配地位。

四、建设中国特色社会主义核心价值体系的主要途径

探讨现阶段社会主义核心价值体系的实现路径，不能脱离当下的实际。改革开放以来，我们党对加强社会主义精神文明建设，用社会主义核心价值体系统一人们的思想，做出了积极探索，既有成功的经验，也有值得汲取的教训。我们要继承和发扬好的传统，学习借鉴有益经验，立足现阶段实践发展的要

求，对加强社会主义核心价值体系建设做出切合实际的思考和安排。

1. 注重内涵建设，形成思想共识

恩格斯认为，外部世界在人们头脑中形成的感觉、思想、动机、意志作为“理想的意图”，可以转变为“理想的力量”。西方有学者也曾提出观念成为行动标杆的三个条件：一是简化观念，二是提出一个真理性主张，三是把这两者结合起来付之行动。的确，历史上影响巨大的意识形态就是那种高度概括提炼的真理性主张，它使得公众易于把握而产生道义上的感召力，激起人们追求理想和价值目标的热情。我们必须立足于现阶段人们的思想实际，针对实践提出的历史性课题，不断丰富社会主义核心价值体系的时代内涵，使先进性要求与广泛性要求相结合，既鼓励先进又照顾多数，既弘扬主流又包容差异，以简洁通俗的话语作为行动标杆，规范引导不同阶层的人们，牢牢掌控建设社会主义核心价值体系的战略主动权，从价值观的深层次上建构社会思想共识，增加全社会的凝聚力和向心力。

2. 突出重点群体，实施分层教育

价值观建设重在实践，先进价值观的实践则需要社会先进人物做出榜样示范。加强社会主义核心价值体系建设，在思想理念的认知教育上，应突出重点群体，关键是抓住党员干部、国家公务员、教师、宣传媒体工作者等特殊社会群体。这些特殊群体的行为所体现出来的思想境界、道德情操，直接影响着社会风气，是社会道德行为的风向标，对推进社会主义核心价值体系建设起着示范和导向作用。抓住这些重点群体，形成有力的示范引导，才能切实引领普通社会群体认同社会主义核心价值体系。同时，价值观教育要体现层次性，教育内容、形式和要求都要根据对象特点来安排和实施。对党员和各级领导干部，要注重加强马克思主义特别是马克思主义中国化最新理论成果的学习教育，使之成为先进思想道德的行为示范者；对广大的知识分子阶层、社会精英和先进分子，要大力开展中国特色社会主义共同理想教育；对普通群众，重点进行爱国主义和社会主义荣辱观等教育；对青年学生，重在价值观的养成教育，着力培养其道德思维和价值判断能力，循序渐进，并贯穿其学习成长的全过程。

3. 运用多种手段，营造强势舆论

高度发达的大众传播媒介是现代社会的主要标志之一。要通过各种传播途径和手段，使社会主义核心价值体系的内涵和要求家喻户晓，深入人心。首先，引导媒体做社会主义核心价值体系的建设者、促进者和推动者，善于运用正面舆论引领社会思潮，形成舆论主流。其次，各级各类新闻传媒要奏响弘扬社会主义核心价值体系的大合唱，形成“舆论全覆盖、媒体全联动”，提高其对社会公众的引导力、影响面。最后，高度重视文化熏陶，促进社会主义核心价值体系的情感认同和心理认同。要注重以视觉文化和听觉文化感染人、熏陶人和影响人，运用各种人民群众喜闻乐见的文艺形式，把社会主义核心价值体系的内涵、要求生动形象地表现出来；注重运用优秀文艺作品和优质的文化服务，使社会主义核心价值体系入耳、入脑、入心，以提升文化的引领力、服务力、竞争力和创新力。

4. 抓好建章立制，强化激励约束

重视制度安排是推进社会主义核心价值体系建设的关键环节。制度是人类社会发展成本最小的资源，制度建设每前进一小步，人类文明就会前进一大步。要以制度安排为依托，综合调动经济的、法律的、行政的各种手段，把社会主义核心价值体系的精神融入经济、政治、文化和社会建设各个领域，使提倡与反对、引导与约束、鼓励与惩罚有机结合，形成有效的法律支持、政策保证和机制保障。首先，要通过制度政策的设计和架构，通过各类奖惩制度的建立和完善，融社会主义核心价值体系于制度规范、政策规定之中，发挥其激励约束作用，使体现这一体系要求的行为得到鼓励，违反这一体系要求的行为受到抵制。其次，要把社会主义核心价值体系的要求转化成可操作的行为细则，进一步修订完善市民公约、乡规民约、职业规范、学生守则等具体行为规则，使人们的日常行为有所依从，培养良好的社会习俗，抵制和消除社会陋习，提高改善社会风气的能力。最后，应通过政府的和非政府的组织机构，以及社区、家庭、单位、学校等多种途径，以一以贯之的价值导向和灵活多样的活动方式，为核心价值体系的传播、推广搭建多重平台，拓展广阔空间，形成有效的工作推进机制和社会选择机制。

5. 坚持继承发展，不断进行创新

作为意识形态，社会主义核心价值体系不是凝固僵化的，而是随着社会的发展不断与时俱进，不断更新着自己的内涵。所以，社会主义核心价值体系也只有不断吸收各种思想营养才能发展自己的体系。建设社会主义核心价值体系，我们就必须坚持全面的、发展的和相互联系的立场、观点和方法，科学对待马克思主义、中国特色社会主义理想、民族精神和时代精神、社会主义荣辱观。一方面要不断探索人类社会发展的规律、社会主义建设规律和共产党执政规律，推进马克思主义理论创新；不断总结改革发展的实践经验，不断开辟中国特色社会主义广阔道路，展示社会主义现代化的美好前景；不断挖掘继承中华民族优秀传统文化，全面展示人民在新时期崭新的精神风貌，让民族精神和时代精神大放异彩，使社会主义荣辱观在新的时代成为社会公众的道德规范，从而推动社会主义核心价值体系的建立发展。另一方面，我们又要以博大的胸怀，对世界各国的优秀文明成果兼收并蓄，汲取精华，剔除糟粕，不断将丰富的思想文化营养吸收补充到社会主义核心价值体系中来，使其不断创新发展，始终适应世界变革和时代发展，这样才能更好地丰富社会主义道德体系，更好地建设社会主义核心价值体系，从而更好地服务于社会主义文化强国建设。

第七章　建设公共文化服务体系　保障人民群众基本文化权益

党的十七届六中全会通过的《中共中央关于深化文化体制改革、推动社会主义文化大发展大繁荣若干重大问题的决定》明确指出，建设社会主义文化强国，就是要着力推动社会主义先进文化更加深入人心，推动社会主义精神文明和物质文明全面发展，不断开创全民族文化创造活力持续迸发、社会文化生活更加丰富多彩、人民基本文化权益得到更好保障、人民思想道德素质和科学文化素质全面提高的新局面，建设中华民族共有精神家园，为人类文明进步作出更大贡献。在社会主义中国，人民群众享有看电视、听广播、读书看报、进行公共文化鉴赏、参与公共文化活动等基本文化权益。保障这些权益，既体现于文化发展的方向是为人民服务、为社会主义服务，还体现于文化发展为了人民、文化发展成果由人民共享的重要方针。实现这些权益的主要途径是加强公共文化服务。

一、公共文化服务体系的内涵及重要地位

构建公共文化服务体系，作为实现人民基本文化权益的主要途径，作为中国特色社会主义公益性文化事业的重要组成部分，具有丰富的内涵。加强公共文化服务，对于贯彻落实党的十七届六中全会精神、繁荣发展中国特色社会主义文化、实现建设社会主义文化强国战略具有重大现实意义。

1. 公共文化服务体系的内涵及特点

公共文化服务即“在政府主导下，以税收和财政投入方式向社会整体提供文化产品及服务的过程和活动”。当代中国的公共文化服务体系，主要是指由政府和非营利组织提供的符合世情国情党情要求、普及文化知识、传播先进文化、提供精神食粮、保障人民群众文化权益、提高公众文化素质和生活质量以满足社会成员基本文化需求及社会发展需要的公共文化产品及服务的总称。

结合中国的具体国情特别是中国特色社会主义文化建设的现实条件，现阶段我国着力建设的公共文化服务体系必须体现以下特点：一是公共性，即以公共财政为支撑，把主要公共文化产品和服务项目、公益性文化活动纳入公共

财政经常性支出预算；以全体人民为服务对象，使主要文化产品和服务项目让人民共享。二是公益性，即以公益性文化单位为骨干，通过加强博物馆、图书馆、纪念馆等公共文化服务设施和爱国主义教育示范基地建设，并向社会免费开放，让最大多数民众受益，努力使各种公共文化资源最广泛地面向全社会服务。三是基本性，即以满足人民群众基本文化需求为主要目标，鼓励社会力量积极参与，加强公共文化基础设施和服务网络建设，提高公共文化产品供给能力，保障好广大人民群众看电视听广播、读书看报、公共文化鉴赏、参与大众文化活动等基本文化权益，实现"文化低保"。四是均等性，即通过统筹规划和建设基层公共文化服务设施，优先安排关系人民群众切身利益的重大公共文化服务项目，坚持面向基层、农村和不发达地区的倾斜政策，优化公共文化基础设施和服务网络设施布局，建立健全各类文化设施资源共享的原则和机制，最大限度地实现文化服务的均等化。五是时效性，既要把公共文化服务指标纳入领导干部任期内的绩效考核内容，更要坚持长期、实用、高效的公共文化服务。

2. 构建公共文化服务体系的重大意义

第一，构建公共文化服务体系是全面贯彻落实科学发展观、实现文化建设科学发展的本质要求。文化工作要以邓小平理论和"三个代表"重要思想为指导，以科学发展观为统领，以文化为表现方式，融思想观念、理想信仰、社会风尚、行为规范、价值取向为一体，为经济社会发展创造和谐美好、健康向上、充满生机和活力的精神家园。目前国家要实现又好又快发展，更需要用文化来凝聚全体国民的思想观念、价值取向，以和谐文化、和谐精神，教育、引导、鼓舞国人自觉地、齐心协力地为实现富民强国出力。中华文化源远流长、博大精深，加强公共文化服务体系建设必将激发人们的斗志生机，为国家经济社会发展提供精神支柱。

第二，构建公共文化服务体系是全面建设小康社会、构建社会主义和谐社会的必然要求。小康社会是物质、精神、政治全面文明的美好社会。全面建设小康社会，不仅仅是追求经济目标，实现单纯的经济增长，而且是经济、政治、文化的全方位发展与进步。没有文化同步发展，既不是真正意义上的经济社会全面、协调、可持续发展，也不可能是人们期盼的美好的小康社会。小康社会建设呼吁美好的和谐文化、和谐精神，加强公共文化服务体系建设将为建设小康社会、构建和谐社会创造美好的社会状态和美好文化环境。因此，必须大力加强公共文化服务体系建设，为人民振作精神、努力拼搏提供强大的精神动力。

第三,构建公共文化服务体系是维护人民群众基本文化权益的主要途径。优秀的文化艺术是民族精神的火炬,催人奋进的号角。只有大力加强公共文化服务体系建设,才能为人民奉献更多更好的精神食粮。随着经济社会的发展,人民群众的精神文化生活需求也日益增长。因此,必须大力加强公共文化服务体系建设,让人民共享文化繁荣发展的成果,才能实现和保障人民的基本文化权益,激发和调动人民建设社会主义文化强国的积极性、主动性和创造性。

第四,构建公共文化服务体系是加强党和政府主导作用的客观要求。加强公共文化服务体系建设,保障人民基本文化权益是党和政府的实事工程。通过政府主导,将党的文化建设方针体现于公共文化服务之中,将社会主义核心价值体系融会于公共文化服务之中,有利于提高党和政府工作的质量和效益,有利于提高对各级各类专业及业余人员的培训和指导工作的针对性和有效性,有利于调动社会各方参与公共文化服务体系建设的积极性,从而推动文化建设沿着正确方向不断发展。

二、我国公共文化服务体系的现状

构建公共文化服务体系,保障人民群众的文化权益,本质上是要用优秀文化为大众服务,满足人民群众的文化需求,提升人民群众的公共文化消费水平。近年来,党和国家在发展文化产业、构建文化服务体系方面,做出了很大努力,取得了相当的成就,但与人民群众对于文化生活的强烈需求仍有差距。

1. 近年来我国构建公共文化服务体系保障文化权益所取得的成就

改革开放特别是党的十六大以来,我们党始终把文化建设放在党和国家全局工作的重要战略位置上,坚持物质文明和精神文明两手抓,实行依法治国和以德治国相结合,促进文化事业和文化产业共同发展,推动文化建设不断取得新成就,大幅度提高了人民基本文化权益保障水平。

第一,保障公民文化权益成为党的战略思考。随着改革开放的深入和经济社会的快速发展,"文化权益"不仅频繁进入党的重要文件,而且作为党的战略部署不断被细化和逐步落实。党的十五届六中全会通过的《中共中央关于加强和改进党风建设的决定》指出:我们党要密切联系群众,就要切实"维护人民群众的经济权益、政治权益、文化权益"。党的十六大报告把"人民的政治、经济和文化权益得到切实尊重和保障"作为全面建设小康社会的目标之一,体现了我们党和政府对尊重和保障人民文化权益的关注和重视。党的十七大报告中提出"要提高国家文化软实力,使人民基本文化权益得到更好保障,使社会文化生活更加丰富多彩，使人民精神风貌更加昂扬向上”。党的十七届六中全会通过的《中共中央关于深化文化体制改革、推动社会主义文化大发展大繁荣若干重要问题的决定》明确指出：“大力发展公益性文化事业，保障人民基本文化权益”。

第二，保障公民文化权益进入国家发展规划。为完善保障民众文化权益的政策措施，我国政府一方面分别于 1997 年和 1998 年签署了联合国《经济、社会和文化权利国际公约》和《公民权利和政治权利国际公约》，并被全国人大常委会批准通过，使之成为保障文化权益基本法规；另一方面，《我国国民经济和社会发展第十一个五年规划纲要》和《我国国民经济和社会发展第十二个五年规划纲要》不仅有保障公民文化权益的专门章节，而且进行了具体规划和部署。2006 年制定的《国家“十一五”时期文化发展规划纲要》提出“坚持以人为本，保障和实现人民群众的基本文化权益，使广大人民群众共享文化发展成果”，把保护好、实现好、发展好人民群众的基本文化权益、不断满足人民群众日益增长的精神文化需求放在突出位置，对建设公共文化服务体系、繁荣文化事业、发展文化产业、促进城乡区域间文化协调发展、维护低收入和特殊群体的基本文化权益等关系人民群众，尤其是基层群众精神文化生活的各项工作，提出了明确具体的要求，进行了全面细致的安排。2011 年全国人大通过的《国民经济和社会发展第十二个五年规划纲要》特别设立“文化事业重点工程”专栏，把继续实施文化惠民工程、增加公共文化产品和服务供给、促进基层文化资源整合和综合利用、建立健全公共文化服务体系作为“十二五”时期文化建设的重要任务，作为保障和改善民生的重要组成部分，作为幸福指数的重要衡量尺度，提升到前所未有的高度。

第三，公共文化服务状况大为改善，人民群众的文化权益得到大幅提升。目前我国共有 3 020 个博物馆、2 884 个图书馆、3 264 个文化馆（群众艺术馆）、40 118个文化站，基本实现了县县有图书馆、乡乡有综合文化站，初步形成了覆盖城乡的具有便利性、基本性、均等性、普惠性的六级公共文化服务网络。公共文化服务设施网络不断完善，广播电视设施建设取得重大进展，全国共有广播电视播出机构 2 638 个，已建成世界上覆盖人口最多，有线、无线、卫星等多种手段并用的广播电视网，广播节目综合人口覆盖率为 96.3%，电视节目综合人口覆盖率为 97.2%。2002 至 2007 年，全国公共图书馆累计流通人次 8.92 亿，图书流通 7.95 亿册次，博物馆每年陈列展览近 1 万次，接待观众 1.5 亿人次以上。双休日和黄金周制度的实施，使中国居民每年享受到总计 114 天的法定假日，闲暇时间大大增加。同时，广播电影电视、新闻出版、电信及互联网的蓬勃发展,拓宽了当代群众参与文化生活的渠道。互联网已成为国人参与闲暇生活的重要方式。博客涉及的领域已涵盖几乎人们日常生活的所有领域,文化、军事、经济、旅游、生活等各个行业都能找到相关的博客内容,博客已成为人们获取信息的重要通道。文化馆、图书馆、博物馆、美术馆等公共文化单位积极转变机制,改善服务,丰富活跃了人民群众的文化生活。

第四,文化惠民工程取得显著成效。通过公共文化管理体制和运行机制的不断创新,我国公共文化服务能力逐步增强。近年来,我国公共文化建设先后实施了乡镇综合文化站建设工程、全国万里边疆文化长廊建设工程、蒲公英计划、送书下乡工程、流动舞台车工程、全国文化信息资源共享工程、广播电视村村通工程、农家书屋工程、农村电影数字院线工程等惠民工程,公共文化服务的覆盖面逐步扩大,城乡、区域公共文化服务的差距不断缩小。

第五,公共文化设施免费开放工作全面推进。2008 年,全国各级文化文物部门归口管理的公共博物馆、纪念馆、全国爱国主义教育示范基地全部实行免费开放。截至 2010 年年底,全国免费开放的博物馆、纪念馆总数达到 1 749 个,2008 年到 2010 年累计免费接待观众达 13.4 亿人次,公共图书馆、文化馆(站)、美术馆免费开放已经启动。文艺院团文化下乡活动深入开展,为广大农村尤其是偏远地区人民群众奉献了精神食粮。群众文化活动丰富多彩,农村和基层文化生活更加活跃。广大人民群众读书、看报、看戏、收听收看广播电视、进行艺术鉴赏、参加文化活动变得更加便捷,享受的公共文化产品和服务更加趋于均等化。

第六,文化消费比例逐渐上升。目前,中国已成为亚洲最大的消费市场,文化娱乐、旅游等占国内消费的比重越来越大。2009 年国内出游人数达 19 亿人次,比上年增长 11.1%;国内旅游收入 10 184 亿元,增长 16.4%。国内居民出境人数达 4 766 万人次,增长 4.0%。其中因私出境 4 221 万人次,增长 5.2%,占出境人数的 88.6%。中国继续保持亚洲最大出境旅游客源国的地位。2008 年起实行的《职工带薪年休假条例》,在保持全年节假日总量基本不变的前提下,将“集中度假”改为“分散度假”,改变了以往依靠国家强制性休假增加消费需要的做法,对休闲环境的优化提出了更高的要求,有利于消费模式的转型和文化旅游资源配置效率的提高。中国文化消费所占消费支出的比重不断提高,结构不断优化,领域不断拓宽,艺术性、娱乐健身性、文化鉴赏性、旅游度假性消费已逐渐成为消费的重要内容。

2. 公共文化服务体系建设方面存在的主要问题

保障好人民群众的文化权益,是党和政府的重要责任。目前我国还处于社会主义初级阶段，在全面推进小康社会建设过程中，经济、政治、文化、社会等各方面建设既面临着巨大的机遇，也存在着各种挑战，既取得了可喜的成绩，也存在不容忽视的问题。

第一，不同阶层享有文化权益的差距过大，造成文化权益不公。因社会分工而造成的阶层差别是客观存在的。但由于不同阶层贫富差距加大，其所享受公共文化资源的权益相应地存在较大差距。社会经济地位的差异常常导致文化资源占有机会的差异。富裕阶层大都能够享有较为优越的文化资源，而贫困阶层的绝大多数却没有条件享受基本的文化资源。就现实情况看，我国贫富阶层之间的文化不公平程度较高。如 2005 年，城镇居民家庭中最低收入户用于文娱用品的支出仅为 43.28 元，而最高收入户为 874.88 元，最高收入户为最低收入户的 20 倍。尤其是“城乡二元结构”的广泛存在，造成广大农村文化权益的保障水平普遍偏低。就教育和文化公共设施的投入而言，城市中的教育和文化设施，几乎完全由国家财政投入；而农村的教育和文化设施，国家的投入则相当有限，有相当一部分要由农村自己来负担。由于经济条件限制和文化素质的制约，农村的公共文化设施相当薄弱，文化资源相当匮乏，城乡居民文化消费数量和结构都存在巨大差异。另外，东西部地区文化资源配置的失衡，使西部文化设施建设长期滞后，不仅损害了文化公平，也制约了当前我国的现代化建设。

第二，文化建设投入不足。随着收入的增加和生活水平的提高，人民群众的文化消费观念正在发生变化，文化消费的比重不断增加，但一些地方在经济大幅增长的同时，对文化投入却增加不多甚至没有增加，对农村文化建设的投入就更加少得可怜。有的地方文化设施短缺的现象普遍存在，甚至有的还是空白状态，一些地方的文化站在多方投资建成后，由于缺少必要的活动器材、活动经费，长年不能开展业务活动，致使这些文化站人员流失，房舍被挪作他用。资金投入少或无资金保障已成为制约文化消费的主要瓶颈，成为民众文化权益得不到有效维护的主要障碍。

第三，文化服务体系不健全。总体上看，我国现有的公共文化服务尚缺乏高标准、多功能、综合性、标志性的大型公共文化服务设施。用于开展群众文化活动的基础文化服务设施也存在数量少、层次低、规模小的问题。某些城市公共文化服务设施的网点布局不合理，使得大部分公共文化服务设施要么拥挤不堪，要么少人问津。同时，由于文化服务的供给与需求严重脱节，政府及相关部门提供的文化服务和产品，一方面往往因缺少调查和论证而性质和形式单一，难以受到欢迎；另一方面，一些地区又存在文化消费的“贵族化”倾向，结果把一般群体排除在基本的文化消费领域之外，使文化仅仅成为某些富裕群体的“奢华品”。

3. 制约公共文化服务体系建设的主要因素

第一，在思想观念上，对保障文化权益的重大意义认识不到位。由于公共文化涉及的层面非常广泛，公共文化的建设仅靠一小部分人或仅靠政府机关部门难以完成，因此，对公共文化建设的重要性和必要性的深刻认知客观上存在难度。然而，某些地方的党政领导在强调以经济建设为中心的同时，长期忽视人民日益增长的文化需求，对保护人民群众的文化权益重视不够，忽视对文化建设的投入，认为只要经济搞好了，人们生活富裕了，自己就尽职尽责了。文化建设则被视之为“软指标”，可以放在次要位置上，甚至是可有可无的事。特别是在经济落后的地方，文化基础设施建设极为简陋，甚至根本没有。近年来，由于受到了场地等硬件设施的制约，群众喜闻乐见的文化活动无法开展，致使一些封建迷信活动和一些歪理邪说有所抬头，农村文化生活相对匮乏。

第二，体制机制方面，保障公共文化服务的体制机制不够健全。目前，我国公共文化服务体制的不完善甚至某些方面的缺失，是造成公共服务总量供给不足和结构失衡的重要原因。当前我国政府间公共服务职责分工取决于上一级政府，改革的难度较大；公共服务财政支撑体制依赖于分税制改革的深化，现行财政体制导致基层政府财力与事权严重不匹配，并难以在短期内加以改变；而公共服务监管机制与多元供给机制有着密切的逻辑联系，公共服务供给方式不同将导致监管方式也有所不同。在公共财力有限的情况下，如何高效地提供公共服务已经成为各级政府必须面对的紧迫问题。另外，公共文化服务设施建设项目规划用地难，也是制约公共文化服务发展，影响公共文化服务上规模的原因。

第三，客观方面，经济社会发展的区域差距和城乡差距较大。改革开放以来，尽管我国政府一直重视“三农”问题，而且取得了可观的纵向进步，但如果横向比较，目前中国城乡差距仍十分悬殊并在不断扩大，这导致了广大乡村农民以及数量庞大的城市农民工成为享有文化权益的弱势群体。受经济实力制约，在经济落后的地方，特别是西部的大部分偏远乡村，文化基础设施建设几乎成为盲区，农村文化活动场地等硬件设施稀缺、破败甚至从来就没有过，群众喜闻乐见的文化活动无法开展，农村文化生活极为贫乏。在东部经济比较发达的地区，特别是在城市中，群众享用图书馆、文化宫、运动场等公益文化资源的数量和质量则远远高于中西部地区。

4. 构建公共文化服务体系应遵循的基本原则

构建覆盖全社会的公共文化服务体系，是繁荣发展社会主义先进文化、建设和谐文化、构建社会主义和谐社会的必然要求，对于促进人的全面发展、提高全民族素质具有重大意义，因此必须遵循以下原则。

一是公益性原则。公益性是构建公共文化服务体系最基本的原则。构建公共文化服务体系，提供公共文化产品，主要是为了满足人民群众的基本文化需求，不能以追求经济利益为目标，必须始终强调公益性，把社会效益放在首位。通过财政保障，采取政府购买、补贴、配送等方式，保证公共文化服务免费或优惠向社会提供。

二是基础性原则。构建公共文化服务体系，是为了满足人民群众基本文化需求，因此必须坚持基础性原则。人民群众的精神文化需求是多层次的，既有基本层次的需求，也有较高层次的需求。从经济社会发展现实出发，我们所构建的公共文化服务体系，应着力建设基础性公共文化设施，生产和提供基础性文化产品，以满足人民群众普遍的、基本的文化需求。

三是普惠性原则。构建公共文化服务体系应确保普惠性，生产和提供的公共文化服务与产品不是面向某类群体或个人，而是面向大众，面向社会各个群体，使每个人都享受到获得公共文化服务的权利。要不断扩大公共文化服务的覆盖面和辐射力，尽可能让人民群众充分享受到各种文化成果，参与各种公益文化活动，使公共文化服务体系真正惠及全民。

四是便利性原则。建设好公共文化服务体系，应当把便民利民的原则贯彻到各个环节、各个方面，在公共文化设施建设、公共文化产品生产、产品和服务的提供等方面，深入扎实地进行调研，着力方便人民群众、服务人民群众，让人民群众通过最便捷的方式和渠道，充分享受公共文化产品和服务。

五是差异性原则。经济社会发展水平的差异必然导致不同时期、不同地区构建公共文化服务体系中的具体要求有所不同，不同群体对公共文化服务和产品的需求也往往存在差异。因此，构建公共文化服务体系不能搞“一刀切”，应注重差异性，针对不同时期、不同地区、不同群体的要求，区别对待，采取有针对性的举措，促进协调发展。

六是创新性原则。要努力创新公共文化服务的机制，创新公共文化产品的生产和供给方式。按照社会主义市场经济的要求，积极引入竞争机制，对重要公共文化产品、重大公共文化服务项目和公益性文化活动，要实行政府采购、项目补贴、定向资助、贷款贴息等，扩大服务范围，提高服务质量。

三、积极构建中国特色的公共文化服务体系

加快建设公共文化服务体系，是繁荣发展社会主义先进文化、构建社会主义和谐社会的必然要求，是实现好、维护好、发展好人民群众基本文化权益的主要途径，是深入贯彻党的十七届六中全会精神，推动我国社会主义文化大发展大繁荣的重要举措，是现阶段和今后相当长时间内非常迫切和重要的任务。

1. 完善公共服务的财政投入机制，加强对公共文化服务的宏观调控

政府是公共文化服务的主要提供者，更是公共文化服务体系的管理者。因此，政府要进一步完善对公共服务体系的财政投入机制，在宏观上实现对公共文化服务的有效调控。

首先，建立健全文化事业经费的稳定增长机制。公共文化服务体系建设需要雄厚的物质基础作保障，所以要加大财政投入力度。发达国家和地区的经验表明，公共文化服务水平的维持和提高，需要公共财政拿出相当总支出1%左右的经费投入文化服务。鉴于我国当前的经济发展与投入结构的现状，我国政府应在力所能及的范围内逐年提高对文化服务的投入。例如可以以规范性政府文件的方式，明确规定公共文化事业费的增幅不低于同级财政经常性收入的增长幅度。并且可以通过专项研究，制订一个公共文化服务体系建设的中长期计划，不断增加公共文化财政投入在财政总投入中的比重，争取经过 5 到 10 年，公共财政中的公共文化投入所占比例达到 1%左右。另外，为了尽可能做到财权、事权的统一，需要建立以中央财政和省级财政为主导，以县乡财政为辅助系统的公共文化财政支出体系。可以根据我国的实际情况，并参照世界其他国家的经验将中央、省、县各级政府的财政投入比例进行动态调整。在县乡财政无力解决地方公共文化财政支出资金时，中央政府、省级政府应通过转移支付的形式弥补缺口，确保地方基本的公共文化服务经费。

其次，采用多样化资助方式，提高资金使用效率。根据文化产品的不同种类，采用不同的财政资助方式。比如，对于文化基础设施建设、文化遗产的收集保护、文化市场秩序的维护等纯公共文化产品和社会力量不愿提供的产品和服务，由政府完全负担；对于文化信息工程、"送戏"下乡等准公共产品和社会力量不愿意提供但完全有能力提供的产品和服务，由政府采取出资购买的方式承担；对于社区和农村为满足群众的基本文化需求而开展的重大节庆活动、自办文化团体等，社会力量愿意提供而且能够提供的产品和服务，由政府通过奖励方式给予适当的补助，以激励他们为公共文化服务体系建设作出更大贡献。

再次，优化群体间、区域间公共资源分配，提高文化产品供给的公平性。解决文化产品城乡、地域差距问题，需要加大对中西部地区和弱势群体的文化产品的投入力度。要以政府为主导，乡镇为依托，村为重点，农户为对象，发展县、乡、镇、村文化设施和文化活动场所。要加大对中西部地区文化投入的力度，改善中西部地区公共文化基础设施条件，完善公共文化服务体系，保障农民和城市低收入群体的基本文化权益。在发展经济的同时，要注意加强对不发达地区各类文化资源的保护、开发、整合和合理利用，突出地域文化特色，努力打造一批体现民族特色和水准、富有地域特点的文化品牌。

最后，建立完备的公共文化投入的评估监督机制。公共文化服务投入的监督约束机制关系到公共文化服务机构的管理水平和运作效率，其作用不仅表现为提高公共文化服务水平、改善公共文化服务机构职能，而且也是公众表达文化需求和参与政府文化管理的重要途径与方法。因此，建立和完善监督约束机制，加强公共文化投入绩效评估体系建设，是政府文化部门和文化事业单位做好公共文化服务的必然要求。建立完备的公共文化评估监督机制，必须按照“宏观调控、市场监管、社会管理、公共服务”的政府改革目标，建立职能科学合理、机构统一精干的文化宏观管理和资金监管机构，制定公共文化服务的投入绩效考评指标体系和实施办法，把公共文化建设作为评价地区发展水平、衡量发展质量和领导干部工作实绩的重要内容，确保各级政府和公共文化管理机构对于公共文化服务体系建设认识到位、责任到位、组织到位、措施到位，以实现和保障人民群众的基本文化权益。

2. 充分运用民间组织和社会力量，形成公共文化服务的多元供给

随着社会的发展和政府体制改革的不断深入，民间组织和社会力量在公共文化服务体系中的地位和作用将会越来越重要。充分发挥各种民间组织和社会力量的作用，可以保证公共文化服务能够广泛反映群众的文化权益需求，适应人们的生活方式、兴趣爱好和创造性发展的不断变化，进而改变过去公共文化服务体系建设、投入和管理由政府“大包大揽”的做法，有利于充分发挥政府、市场、社会三者的优势，形成公共文化服务的多元供给机制。

第一，积极引导社会力量捐助公益性文化事业。政府要通过对现有的公共文化发展政策的调整，抓紧研究、制定民间组织和社会力量参与公共文化服务体系建设的优惠政策。积极引导公民通过组成民间社团、非营利性文化服务机构等形式，合法地、有组织地进入公共领域，形成公共文化服务的共同治理结构，实现公共文化服务中政府与公民社会的良性互动。

第二，推动公共文化服务一定程度的社会化和市场化。构建公共文化服

务体系必须坚持政府主导的原则和方针，这也是政府应尽的职责。但是，无论从投入资金还是精力来看，政府的资源毕竟是有限的，所以在构建公共文化服务体系的过程中，除发挥政府文化部门本身以及传统的公益文化事业单位力量外，还应当调动民间组织和其他社会力量参与公共文化服务供给的积极性。要创新公益文化活动运作机制，通过政府采购、委托承办、承包等形式，吸引社会各界人士开办各类文化艺术机构，参与公共文化服务，推动公共文化服务的市场化和社会化。

第三，鼓励企业等营利性组织参与公共文化服务活动。企业作为市场经济的主体，拥有较多的资金，经济实力远在其他民间组织之上。充分动员企业通过各种方式参与到公共文化服务建设中，将大大增加公共文化服务体系建设的力量，可以较好地解决公共文化服务的资金难题。要进一步完善支持企业参与公共文化服务的相关经济政策和引导机制，对企业举办的公益文化项目，在融资、用地、税费等方面给予优惠，鼓励企业捐助建设公共文化设施，同时，采取灵活方式促进公共文化服务方式多元化、社会化，逐步形成以政府投入为主、企业积极参与的公共文化服务投入保障机制。

3. 以提高素质和能力为重点，加快公共文化服务人才队伍建设

人才是文化建设的有力保障，是文化事业的基本力量，人才队伍建设是关系到公共文化服务体系建设的关键问题。有了人才就有了生命力和活力，一支思想好、业务精、善组织、懂管理的复合型人才队伍，是构建中国特色的公共文化服务体系的关键。打造文化精品工程，更需一专多能的人才。

一是广泛吸纳人才，不断壮大公共文化服务队伍。目前，专门人才奇缺已成为制约我国文化服务体系建设的“瓶颈”。要解决这一问题，就要开辟“绿色通道”，采取多种方式及时吸收各类优秀文化人才充实文化队伍，向社会公开招聘各类文艺专才，充实文艺骨干队伍。可以由政府牵头出台政策，鼓励应届文艺类大学毕业生在基层服务，利用他们所学的先进的现代化知识来实现文化共享工程的数字资源建设。这样既可以在实践中培养、成长一批新时期的群众文化工作的传播者，又可以通过基层服务网点建设，以多种传播方式为手段，加强不同部门文化资源的综合利用，实现资源共享，互联互通。

二是积极发展文化志愿者和文化义工队伍，培养兼职文化工作队伍。政府要积极鼓励民间成立各种形式的业余文艺团队；要发挥基层文化骨干、文化能人、文化名人的积极作用，不断加强业余演出队、文化中心户等业余队伍建设。在城市，文化部门要积极动员企事业单位、学校、政府机关的职能部门举办文化活动，提高文化活动的覆盖面。坚持在活动中发现人才，并及时提供辅

导和帮助，使之成为公共文化服务队伍中的骨干，并逐渐帮助他们成为群众文化活动的中坚。在农村，要充分挖掘农村的“草根人才”，通过他们来充分了解群众的文化需求，向群众输送最需要的文化产品。民间艺人、文化能人、文化经纪人的大量涌现和大显身手，可以为文化的建设和发展奠定良好的人才基础。

三是加强文化服务人员的培训工作，提高文化从业人员的素质。首先，要加强文化系统从业人员的业务培训，不断提高各级各类文化人才的业务水平。要强化文化艺术部门干部培训职能，积极争取财政专项经费，定期对市、县（区）、乡文化单位的员工进行轮训。省、市、县三级都要制定出台专业文化艺术队伍和公益性社会文化服务队伍建设规划，在引进人才的同时，对现有从业人员进行大规模培训。其次，要通过在职教育、举办各类专业技能竞赛评比活动，建设一支作风好、业务精的公共文化服务队伍。还可以根据形势发展和任务需要，通过以单位支持为主、个人支出为辅的方法，积极鼓励业务人员抓住各种学习机会出去充电，提高自身业务水平。最后，还要鼓励文化从业人员多下基层辅导和调研，从民间生活中寻找创作的源泉，在实践中磨炼自己、不断提高自身素质和能力。

总之，公共文化服务体系的构建在我国是一项艰巨而紧迫的重大工程，它的建设将对构建社会主义文明社会，丰富人民群众文化生活以及民族文化的传承起到巨大的推动作用。我们坚信在党和政府的重视和全社会的努力下，我国公共文化服务体系的建设一定会取得卓越的成效，广大人民群众在不远的将来一定会享受到优质高效的公共文化服务，民族文化大发展、大繁荣的新时代必将到来。

第八章　加快发展文化产业　推动文化产业成为国民经济支柱性产业

2011 年 10 月，党的十七届六中全会通过的《中共中央关于深化文化体制改革、推动社会主义文化大发展大繁荣若干重大问题的决定》明确指出："发展文化产业是社会主义市场经济条件下满足人民多样化精神文化需求的重要途径。必须坚持社会主义先进文化前进方向，坚持把社会效益放在首位、社会效益和经济效益相统一，按照全面协调可持续的要求，推动文化产业跨越式发展，使之成为新的经济增长点、经济结构战略性调整的重要支点、转变经济发展方式的重要着力点，为推动科学发展提供重要支撑。"文化产业是文化发展的助推剂，但如何加快文化产业发展、使之尽快成为我国国民经济支柱性产业，是社会主义文化大发展大繁荣必须着重思考的重大战略问题。

一、文化产业的内涵及我国文化产业发展现状

1."文化产业"的内涵

"文化产业"概念源于 20 世纪初，该词最初出现在霍克海默和阿多诺合著的《启蒙辩证法》一书之中，它的英文译名是 Culture Industry，也可以译为文化工业。联合国教科文组织对文化产业的定义是：所谓文化产业，就是按照工业标准，生产、再生产、储存以及分配文化产品和服务的一系列活动。文化产业可分为三大类：一是核心产业，包括新闻服务、出版发行和版权服务、广播、电视、电影服务、文化艺术服务等行业。二是延伸产业，主要包括网络文化服务、文化休闲娱乐服务、其他文化服务（如广告、会展等新兴文化产业）。三是边缘产业，包括文化用品、文化设备、文化产品的生产与销售。

我国政府对文化产业也进行了严格界定，2003 年 9 月，在中国文化部制定下发的《关于支持和促进文化产业发展的若干意见》中，文化产业是这样被界定的：从事文化产品生产和提供文化服务的经营性行业。因此，文化产业范围包括提供文化产品、文化传播服务和文化休闲娱乐活动有直接关联的用品、设备的生产和销售活动以及相关文化产品的生产和销售活动。具体而言，娱乐业、广播电视、音像、网络及信息服务、新闻出版、旅游、教育等是文化产业的

主体或核心，文学、戏剧、音乐、美术、摄影、舞蹈、电影电视创作、艺术博物馆、图书馆等是文化产业正在争夺的前沿，广告业、咨询业等则是文化产业的边缘领域。

2. 我国文化产业发展的主要特点

改革开放 30 多年来，我国文化事业获得了前所未有的快速发展，与之相关的文化产业也得到空前壮大，具体呈现出以下特点。

(1)发展速度快。进入 21 世纪，我国文化产业的发展驶入快车道，有统计资料显示，我国文化产业实现增加值的年递增率达到 20%以上，具体情况如表 8-1 所示。

表 8-1　我国文化产业自 2004 年以来增加值统计表

年份/年	2004	2005	2006	2007	2008	2009	2010
增加值/亿元	3 439	4 247	5 123	6 412	7 166	8 400	11 052

从表 8-1 中不难看出，我国文化产业的增加值从 2004 年到 2010 年一直在不断增长，每年平均增长率达到 45.91%，远远高于我国同期 GDP 的增长速度，我国文化产业发展速度非常快。

(2)比例不断增加。我国文化产业创造的增加值在 GDP 中所占比例也呈现出稳中有升的良好发展态势，如表 8-2 所示。

表 8-2　我国文化产业增加值占 GDP 的比重统计表

年份/年	2004	2005	2006	2007	2008	2009	2010
占 GDP 的比例/(%)	2.46	2.31	2.45	2.6	2.43	2.71	2.75

虽然 2004 年到 2008 年的文化产业比例略有波动，但它创造的增加值在 GDP 中所占比例均维持在 2.3%以上。特别是 2008 年以来，我国文化产业创造的增加值在 GDP 中所占比例大幅上升。众所周知，这一时期正是我国经济发展增速较快时期，与此相对应的是文化产业的发展也在加速，文化产业在国民经济中所占份额越来越大，地位越来越突出。

当前，文化产业已经成为我国产业发展中的重要组成部分。据国家统计局发布的报告显示，2010 年，我国文化及相关产业法人单位增加值达到 11 052亿元，占国内生产总值的 2.75%，文化服务业增加值占文化产业法人单位增加值的 53.7%。文化产品制造单位实现增加值 4 391 亿元，比上年增长 23.5%；文化产品销售单位实现增加值 638 亿元，增长 22.2%；文化服务提供单位实现增加值 5 937 亿元，增长 27.9%。这些数据清楚地显示，我国文化产业正朝着健康有序的方向发展。

(3)技术手段日趋先进。数字技术在我国文化产业领域进一步发展和推广,成为提升文化产业综合竞争力的主要力量。2005年制定的《我国国民经济和社会发展第十一个五年规划纲要》明确提出:“加强宽带通信网、数字电视网和下一代互联网等信息基础设施建设,推进三网融合,健全信息安全保障体系。建设集有线、地面、卫星传输于一体的数字电视网络。构建下一代互联网,加快商业化应用。”数字电视、数码电影、宽带接入和视频点播,电子出版和数字娱乐等新文化产业群成为文化消费的主流。据统计,我国网民人数增长迅速,2004年到2010年7年间网民数增长了近500%,年递增率达到70%以上。如表8-3所示。

表8-3 中国网民人数统计表

年份/年	2004	2005	2006	2007	2008	2009	2010
网民数/亿	0.94	1.11	1.37	2.10	2.7	3.84	4.57

数据来源:2010年CNNIC发布的《第27次中国互联网络发展状况统计报告》

中国网民占全球网民的20%以上,互联网普及率达34.3%,且每年以10%以上的速度递增。截至2011年6月底,中国网民人数更是创纪录地达到4.85亿,占全国总人口的36%,而且这一数量还在不断增加,我国手机网民人数也达到了3.03亿人。数字文化消费发展势头良好。

(4)文化产业整合日趋加强。当前,我国文化产业进入调整整合期。在我国文化产业中的9个行业大类、24个行业中类、80个行业小类中都有自己的代表性企业,尤其是在9个行业大类中,具有中国特色、中国风格、能影响世界同行业发展的文化产业群已初具规模,以现代“文化生产-市场运作-大众消费”的企业运作模式,改造以往“生产-传播-接受”的营运习惯,强化品牌意识,做出了大而强的文化企业集团。做强做大是应对全球市场竞争的重要手段,党的十七届六中全会通过的《关于深化文化体制改革、推动社会主义文化大发展大繁荣若干重大问题的决定》中提出:“要培育一批核心竞争力强的国有或国有控股大型文化企业或企业集团,在发展产业和繁荣市场方面发挥主导作用。”这为下一步文化产业内部的进一步整合提供了坚强政策支持。

3. 我国文化产业发展中存在的主要问题

改革开放30多年来,我国文化产业取得了巨大成就,主要表现在:第一,我国文化产业创造的产值在GDP中所占比例不断提高。第二,我国文化产业的信息化技术含量不断提高,数字技术将成为提升文化产业综合竞争力的主要力量。第三，我国文化产业的国际竞争能力正不断增强。第四，我国民众的文化生活越来越丰富、越来越多样。第五，我国文化产业正逐步把中国传统文化、自然文化、地方文化与现代文化融合起来，正在不断形成富有中华民族特色的新文化产业。但同时我们也应该清醒地认识到，我国文化产业发展还存在一些不可回避的问题。

(1)文化消费总量偏低。当前，中国城镇居民消费的总体水平和经济普查后调高的人均 GDP 相比，文化消费相对比例下降、总量偏低，增长速度不突出。以 2010 年的我国文化消费为例，当年文化消费总量约为 11 052 亿元。按照国际通行计算方法，如果人均 GDP 达到 1 600 美元，恩格尔系数应为 33%，文化消费在个人消费中应占 20%，实际消费总量应为 20 100 亿元，我国居民的文化需求满足程度刚到 50%。文化消费总量低主要有两方面的原因，在城镇消费者方面，居民收入扣除衣食住行、医疗、养老和教育准备等支出后，可用于文化消费的收入其实很少，消费能力严重不足。在文化产品供给方面，存在有效供给不足的问题。中国文化市场开放程度过低，法律法规建设滞后，管理不规范，文化产品和服务的供给尚未形成有效的市场机制，适销对路的文化产品和服务缺乏，潜在需求得不到开发。

(2)文化市场开放度不足。2003 年以来，文化部进行了文化体制改革试点，提出了“新文化发展观”，使一线文化机构逐步脱离与政府的关联，开始向市场主体转变，但目前我国的文化市场还没有建立起规范的准入和退出机制，也没有形成公平的市场竞争关系，参与改革的国有文化机构难以在真正的市场环境中进行企业化运作，因而也就难以通过市场实现优胜劣汰。与其他产业相比，文化产业的市场化和产业化程度明显不足，且行政特性特征明显。

(3)区域文化发展不平衡。由于我国存在东中西的经济发展阶梯性差距，东部经济发达地区文化资本相对集中，逐步成为文化资本输出地区，而西部地区由于资本缺乏，其投资机会则好于东部地区，成为吸纳投资的最佳区域。区域文化发展存在着极大的不平衡，北京、上海、深圳、广州等发达地区的文化产业占据中国文化产业的大半壁江山。

(4)文化资源丰富而开发不足。我国拥有丰富、优秀的文化遗产，但在文化产业化过程中，如何充分挖掘丰富的传统文化资源，仍是一个十分重要的问题。我国的文化产业，在产业规模、产品质量、资源绩效、市场竞争力上和美国、日本、韩国等国家相比存在很大的差距。据统计，美国文化产业增加值占 GDP 的 12%，日本占 GDP 的 17%，韩国的文化产业也一跃成为其主导产业，其产值已达 GDP 的 5%。相比之下，我国文化产业的增加值在 GDP 中所占比例还不足3%。这说明文化资源大国并不等于文化产业强国。实践证明，在文化资源呈散落状分布基础上进行的单一文化产品开发，无法形成产业规模及规模效益。作为现代社会生活的一部分，文化需求和文化消费无论呈现怎样的多样性，它的基本趋向只能是现代生活期望的满足和补充。如何从消费市场和现代产业角度提炼文化资源的市场价值要素，进行有效的开发和利用呢？这是中国文化产业发展必须考虑的战略问题。中国文化产业的未来，必将建立在对传统文化资源进行产业整合的基础上。

二、党中央关于加快发展文化产业战略决策的形成过程

面对世界文化产业的激烈竞争和国内民众对精神文化的迫切需求，党中央一直以来高度重视发展文化产业，并把大力发展文化产业作为加快转变经济发展方式的重要抓手，先后作出了一系列重要论断和部署，明确提出了加快发展文化产业的重大意义、总体思路、目标任务和原则要求。这充分体现了我们党高度的文化自觉和对文化建设规律的准确把握。

1.20世纪80年代至90年代我国文化产业的发展战略

改革开放后，我国文化产业开始不断发展。20世纪80年代中期，一些文化单位在以文补文工作中开展经营活动，部分文化事业单位试行企业化经营管理，使文化产品和服务的商品属性逐步显露出来。党的十四大提出了建立社会主义市场经济体制，国家颁布了加快发展第三产业的方针政策，对文化产业发展提出挑战也带来了机遇，文化产业开始进入加速发展时期。据国家工商总局资料统计，1990年到1998年，全国文化系统文化产业的增加值由12.1亿元增加到83.7亿元，增长了近6倍，文化产业机构由6.8万个，增加到9.2万个，增长了35%，从业人员由49.5万人增加到了72.1万人，增长了46%。为适应社会主义市场经济深入发展的新形势和加快发展社会主义先进文化的新要求，党的十五届五中全会强调，要完善文化产业政策，加强文化市场建设和管理，推动有关文化产业发展。这是我们党在中央文件中首次提出“文化产业”的概念。

2.新世纪新阶段我国文化产业的发展战略

党的十六大进一步明确把文化区分为文化事业和文化产业，强调一手抓公益性文化事业、一手抓经营性文化产业，标志着我们党在文化建设的认识上实现了一个重大突破，对文化产业发展具有里程碑的意义。

2005年，中共中央、国务院下发《关于深化文化体制改革的若干意见》，把加快文化领域结构调整、培育现代文化市场体系、形成以公有制为主体多种所

有制共同发展的文化产业格局作为深化文化体制改革的重点任务进行了系统部署。

2006年，中共中央办公厅、国务院办公厅下发《国家"十一五"时期文化发展规划纲要》，明确了"十一五"时期我国文化产业发展的重点任务、重大工程和重要举措。党的十七大则从增强国家文化软实力、兴起社会主义文化建设新高潮、推动社会主义文化大发展大繁荣的战略高度强调大力发展文化产业的战略思路。

2008年，国际金融危机爆发后，国务院又颁布了《文化产业振兴规划》，系统提出了新形势下文化产业发展的指导思想、基本原则、目标任务、重点项目和扶持政策，这是我国第一部文化产业发展专项规划，标志着党中央把发展文化产业提升为国家战略。

2010年2月，胡锦涛总书记、温家宝总理等中央领导同志在省部级主要领导干部"深入贯彻落实科学发展观，加快经济发展方式转变"专题研讨班上，深刻阐述了发展文化产业在加快经济发展方式转变中的重要地位，强调要加快发展文化产业、加快开拓文化市场。2010年3月，中共中央办公厅、国务院办公厅转发《中央宣传部关于党的十六大以来文化体制改革及文化事业文化产业发展情况和下一步工作意见》，强调加快推进文化产业发展，把文化产业培育成为推动我国经济发展方式转变的战略性新兴产业。2010年"两会"期间，温家宝总理在政府工作报告中强调，国家发展、民族振兴，不仅需要强大的经济力量，更需要强大的文化力量，要在继续加快文化体制改革、发展文化事业的同时，加快发展文化产业，满足人民群众多样化的文化需求。

2011年5月，中央政治局委员、书记处书记、中宣部部长刘云山主持召开文化产业发展座谈会，研究加快推动文化产业发展的政策措施，强调要以新的视角认识文化产业的地位作用，坚持内容为主，以更有力的措施推动我国文化产业实现新的更大发展。2011年7月，中央政治局专门就深化我国文化体制改革专题进行了第二十二次集体学习，胡锦涛总书记明确提出了"三加快一加强"的文化改革发展总体布局，强调要加快发展文化产业，增强文化产业整体实力和竞争力。《我国国民经济和社会发展第十二个五年规划纲要》，从夺取全面建设小康社会新胜利、推进中国特色社会主义伟大事业的高度，明确提出在未来五年要推动文化产业成为国民经济支柱性产业。中央政治局常委李长春在《深入学习实践科学发展观　推动社会主义文化大发展大繁荣》《正确认识和处理文化建设发展中的若干重大关系　努力探索中国特色社会主义文化发展道路》等重要讲话和文章中专门就文化产业的属性特征、发展思路和目标任务进行深入阐述，并多次就文化产业发展问题进行专题调研，并作出重要指示。

2011年10月，党的十七届六中全会通过了《中共中央关于深化文化体制改革、推动社会主义文化大发展大繁荣若干重大问题的决定》，其中在第六个大问题中，党中央明确提出“加快发展文化产业，推动文化产业成为国民经济支柱性产业”的重大战略决策。党的十七届六中全会的决定指出：“必须坚持社会主义先进文化前进方向，坚持把社会效益放在首位、社会效益和经济效益相统一，按照全面协调可持续的要求，推动文化产业跨越式发展，使之成为新的经济增长点、经济结构战略性调整的重要支点、转变经济发展方式的重要着力点，为推动科学发展提供重要支撑。”基于此，党的十七届六中全会提出了下一步发展文化产业的战略构想：一是构建现代文化产业体系，二是形成公有制为主体、多种所有制共同发展的文化产业格局，三是推进文化科技创新，四是扩大文化消费。党的十七届六中全会的决定对文化和文化产业的发展意义十分重大，它为加快发展我国文化产业、推动文化产业成为国民经济支柱性产业指明了道路和前进方向，并明确提出了解决的方法与途径。

三、我国加快发展文化产业的重大意义

当今世界，文化越来越成为民族凝聚力和创造力的重要源泉，越来越成为综合国力竞争的重要领域，丰富的精神文化生活越来越成为国民的热切愿望，国内强大的刚性需求越来越需要文化产业又好又快发展。加快发展文化产业，是新时期新阶段我国文化建设一项十分重大而又紧迫的战略任务，是兴起社会主义文化建设新高潮、推动社会主义文化大发展大繁荣的迫切需要，是社会主义市场经济条件下满足人民群众多样化、多层次、多方面精神文化需求的必然选择，也是推动经济结构调整、加快经济发展方式转变的重要抓手，对推动经济社会发展、增强综合国力、实现社会主义现代化，具有十分重大的现实意义和深远的历史意义。

1. 加快发展文化产业是推动科学发展、促进经济发展方式转变的重要途径

文化产业是文化与经济相互交融的集中体现，文化的经济功能很大程度上是通过文化产业体现的。文化产业具有优结构、扩消费、增就业、促跨越、可持续的独特优势和突出特点，是一个朝阳产业、绿色产业，对促进经济增长、提升经济发展质量、推动经济发展方式转变发挥着重要作用。《我国国民经济和社会发展第十二个五年规划纲要》提出，要加快发展服务业，促进经济增长向

依靠第一、第二、第三产业协同带动转变。要从过去主要依靠第二产业带动经济增长，转变为依靠第一、第二、第三产业协同带动，特别是要增加第三产业的比例。坚持把科技进步和创新作为加快转变经济发展方式的重要支柱。以上无论是发展第三产业，还是科技进步和创新都与文化产业密切相关。在我国转变经济发展方式中，文化产业发展前景广阔。

文化产业是以文化为基础，按照工业生产标准，运用市场运作、产业管理等一系列方法综合开发文化的经济价值和社会价值，为人类提供文化产品和文化服务的各行业门类的总称。文化产业又是现代服务业的核心产业，其中间产品和服务是最具创造性的生产要素，对国民经济各个部门具有广泛的关联带动作用。新技术革命为文化功能的扩展提供了新的手段，催生出一系列新的文化业态，如网络服务、动漫游戏、数字媒体、手机视频等，对经济发展的贡献率明显提高。

目前，文化产业与旅游、休闲、制造、电信、交通、房地产等国民经济产业部门正在发生普遍的渗透和融合，形成以文化内容为纽带、关联度日益密切的庞大产业链和产业集群。文化产业高端领域的创意设计，以及会展、电子商务等生产性服务业与工业、农业逐步结合，不断提升着传统产业的内在价值、信息化和集约化水平，在推动经济发展中发挥着越来越大的作用。因此，抓住了文化产业，就抓住了调整供给结构的突破口，就从总供给方面进一步优化了经济结构和产业结构。

在调整经济结构方面，文化产业是现代服务业的重要组成部分，既为生活服务，又为生产服务，是经济结构调整的重要支点。抓住文化产业，就抓住了经济结构和产业结构调整的突破口。在扩大内需方面，文化产业与物质生产和服务业相融合，可以有效提高物质产品和服务业的文化含量，促进消费升级。同时，对文化的需求也是内需的重要方面之一，文化产品和服务可以形成新的消费需求和消费热点，直接拉动消费的增长，挖掘文化消费潜力、拓展文化消费空间，已成为扩大内需的重要引擎。按国际经验测算，我国每年文化消费可达 4 万亿元，但实际消费 1.1 万亿元(2010 年的数据)，巨大的文化消费潜力和产业发展空间很值得挖掘。

在可持续发展方面，文化产业被誉为“无烟工业”，资源消耗低、环境污染小，科技含量高、发展潜力大，市场需求强、消费空间大，开发价值高、投资机会多，对建设资源节约型、环境友好型社会的作用日益凸显。西方发达国家自 20 世纪 60 年代开始就十分注重文化产业的发展，文化产业已在其国内国民生产总值中占有较大比例。据统计，美国文化产业创造的产值占国内国民生产总值的25%,英国占11%,而我国只占2.75%(2010年)。因此,推动经济社会科学发展、加快转变经济发展方式,开辟发展的新途径新空间,迫切需要文化产业有一个更大发展。

2. 加快发展文化产业是利用市场资源和科技条件繁荣社会主义文化的重要载体

当前,文化发展越来越离不开市场和科技的支撑,市场和科技如同文化发展的鸟之双翼。从市场经济发展的角度看,市场在资源配置中的作用日益凸显,文化与市场的接轨已成为文化发展的必然趋势。只有建立健全现代文化市场体系,让文化生产要素高效流通和配置,才能充分调动各方面的积极性、主动性和创造性,才能形成文化大发展大繁荣的强大合力,才能加快文化产业的发展速度。

在具体运作中,让经营性文化单位成为市场主体参与竞争,才能使其更好地利用丰富的市场资源做大做强;让文化产品真正成为市场上的商品,变成国民的消费产品,才有可能最大限度实现文化产品的功能,实现社会效益和经济效益的有机统一。运用符合市场经济的思路、办法、手段来推动文化发展,借助市场力量生产、制作优秀文化产品、扩大先进文化影响,迫切需要加快发展文化产业。从科技发展应用角度看,现代科技正深刻改变着文化生产、传播和消费方式,也赋予文化新内涵、新功能和新形态,为文化大发展提供了强大的后发优势。文化产业在运用最新科技成果、发展文化和推动文化科技创新方面具有天然的敏感和优势。如电影业的迅速发展,是内容创新和科技创新的结果,也是强大市场有效运作的结果。因此,适应当代科技发展的新趋势,推动文化与科技的融合,抢占文化发展制高点,形成新的文化创造力和竞争力,迫切需要加快发展文化产业。

3. 加快发展文化产业是满足民众文化需求、保障民众文化权益的重要内容

文化产业是满足民众多层次、多方面精神文化需求的主要途径,也是提高民众生活质量和幸福指数的重要手段。国际经验表明,当人均国内生产总值达到3 000美元时,居民消费进入物质消费和精神文化消费并重时期。当人均国内生产总值超过5 000美元时,居民消费将进入精神文化需求旺盛时期。当前,我国人均国内生产总值已达到4 200美元,居民消费正由生存型、温饱型,向小康、享受型转变,民众精神文化需求呈“井喷”之势。随着经济条件宽裕、教育水平提高、闲暇时间增多,民众追求文化表达、参与文化创造的愿望更强烈,实现和维护自身文化权益的意识更高涨。

但我国文化产业发展水平还不高，总体上还不能很好地适应民众精神文化需求快速增长的新形势和民众繁荣文化市场的新期待，我国文化产业供小于求，这为加快文化产业发展提供了广阔空间。满足民众精神文化需求、维护民众文化权益迫切需要构建公共文化服务体系的同时，深化文化体制改革，加快文化发展方式转变，推动文化产业又好又快发展。

4. 加快发展文化产业是提高国家文化软实力、增强中华文化竞争力的重要举措

文化产业反映的是一个国家的文化软实力。当今世界，思想文化交流交融交锋的趋势更加明显，一些西方发达国家更加注重通过文化产业、借助文化产品，输出他们的价值观念和生活方式。近年来，美国一直控制着世界主要的电视和广播节目制作，每年向国外发行的电视节目总量达 3 万小时，并占有世界 2/3 的电影市场总票房。

我国要在激烈的国际竞争中赢得主动，扭转文化贸易逆差，维护国家文化安全，就必须加快发展文化产业，增强我国文化的整体实力和国际影响力。与此同时，随着我国综合国力的不断增强和国际影响力、辐射力的日益提升，国际社会对中国发展道路和发展模式更关注，了解中华文化和我国科学发展的愿望更强烈，这就迫切需要加快发展文化产业，统筹国际国内两个市场、两种资源，积极探索市场化、产业化的运作手段，以企业为主体、以文化贸易为主要方式，推动更多的文化产品和服务走出去，参与国际竞争、形成特色品牌，不断扩大中华文化影响力，不断增强我国文化软实力。

四、我国加快文化产业发展的主要任务

当前，随着我国整体经济实力迅速增强，人均收入水平持续提升，文化体制改革不断深化，国际影响力显著增强，文化产业正迎来一个加快发展的黄金期，面临着难得机遇和有利条件。中共中央召开了十七届六中全会，一致通过了《中共中央关于深化文化体制改革、推动社会主义文化大发展大繁荣若干重大问题的决定》，把加快发展文化产业作为一项重要的战略任务，为加快发展我国文化产业提供了强有力的保障。我们应加强建设，不断加快我国文化产业的发展步伐，不断推动社会主义文化大发展大繁荣。

1. 坚持社会主义先进文化前进方向，不断提升文化产业服务质量

文化产业承载的是民众的思想观念、审美情趣、价值追求，文化产品的质量是根本，它是文化产业核心竞争力的具体体现，是决定文化产业生存与发展的关键所在。第一，注重文化资源的挖掘。坚持不忘本来、吸收外来、面向未

来,汲取一切有益的文化营养进行创作生产,切实增强文化产品的震撼力和感染力,以赢得民众喜爱。第二,注重文化创意的提升。把传统性与时代性有机结合起来,把民族特色与世界潮流融合起来,用符合时代要求的思想表达、符合广大受众心理的情感抒发,推出更多具有原创价值的文化产品。第三,注重文化品牌的打造。进一步强化品牌意识,精心培育,推出更多高品位、高水准的文化精品,打造出一批具有自主知识产权和原创性、具有市场号召力的知名品牌。第四,加强对文化产业发展的引导。要始终坚持社会主义核心价值观,不断完善文化产品的评价激励机制,科学设置票房、收视率、发行量等量化指标,强化国有文化资产管理考核评估中的导向。

2. 着眼做大做优做强,培育有竞争力的文化产业发展主体

当前,文化在全球已经成为一个巨大产业,各国由于文化产业的实力不同,从而形成了不同的市场份额态势。具体数据如表 8-4 所示。

表 8-4　世界文化强国(地区)的文化产业所占市场份额统计表

国　名	美　国	欧　盟	日　本	澳大利亚	中　国	其　他
市场份额/(%)	43	34	10	5	3	5

数据来源:《文化软实力蓝皮书:2010 年中国文化软实力研究报告》

从表 8-4 可以明显看出,全球文化产业仍然是欧美发达国家一统天下的局面,它们的文化产业规模越来越大,留给其他国家发展的余地越来越小。对于中国,要大力发展文化产业,就必须走文化企业的道路,只有把国内优秀的文化产业整合起来、凝聚起来,才能走向世界,才能有竞争力。因为文化企业是文化产业发展的基础,文化企业的规模和实力,决定着文化产业发展的总体质量和水平。

加快文化产业发展,必须做大做优做强有民族特色的文化企业,倾力打造一批有实力、有活力、有竞争力的文化企业。截至 2011 年 6 月底,中央各部门各单位出版社体制改革任务如期完成,全国出版发行、电影电视剧制作等领域基本完成全行业转制,国有文艺院团完成转制 590 家,非时政类报刊完成转制 595 家,人民网等 10 家重点新闻网站完成转制任务,22 个省区市实现省内广电传输网络整合。全国共注销经营性文化事业单位4 000多家,核销事业编制 18 万个以上。但这些成果还不够,今后还需要进一步做好各方面的工作:

第一,继续深入推进国有经营性文化单位转企改制。以更大力度推进国有经营性文化单位转企改制,巩固扩大已有的改革成果,形成更多合格的文化市场主体。要按照现代企业制度的要求,推动已转制的文化企业完善法人治

理结构，实行公司制和股份制改造，建立现代产权制度，形成体现文化企业特点的经营理念、管理运行机制和发展模式，使文化企业真正走上自主经营、自我约束、自我发展的道路，不断提高经营管理水平和市场竞争能力。

第二，要着力培育骨干企业，扶持中小企业，完善文化产业分工协作体系。要在演艺娱乐业、动漫游戏业、网络业、影视业、出版发行业等领域，选择一批改革到位、成长性好的大型国有或国有控股集团公司，加大政策扶持力度，鼓励其以资本为纽带进行跨地区、跨行业、跨所有制兼并重组，推动条件成熟的文化企业上市融资，鼓励已上市公司通过并购重组做大做强，尽快成为文化产业的中坚力量，提高产业集中度。当前，我国文化产业的股份制上市公司的总市值在不断增加，截至 2010 年 3 月，文化传播类公司占我国 A 股总市值的 0.7%，总市值为 2 143.08 亿元，是 2008 年的 2.54 倍。文化产业改制初见成效。

第三，要统筹推进文化产业带、产业集群、产业基地和产业园区建设。坚持科学规划、合理布局、提高水平，突出地区特色和资源优势，加快建设一批文化产业创新、示范和孵化基地，促进各种文化资源合理配置和产业分工；推进边疆少数民族地区文化产业振兴，促进东中西部文化协调发展。

3. 推进文化与科技融合，增强我国文化产业的发展后劲

文化产业的快速发展，离不开现代科技的强力支撑。第一，充分利用高新技术改造传统文化产业。大力推进文化数字化建设工程，加快文化资源、文化生产、文化传播的数字化，提高文化产品和服务的吸引力、感染力、影响力。加快推进广播电视有线网络整合、数字化转换和双向改造，推进“三网融合”业务发展，跨部门集成文化资源、产品和服务，提高广播电视服务水平。进一步提高数字电影制作生产能力，加快城镇数字影院建设，发展数字院线，实现电影产业的升级换代。鼓励出版企业开发和制作数字图书、数字报刊，发展电子阅读、有声阅读，鼓励印刷复制企业加快生产流程和设备更新改造，逐步实现传统出版向数字出版转型。加快高新技术在演艺业中的应用，加强舞台艺术的数字化采集和传播，延伸产业链条，实现文化生产和消费模式转变。第二，加快发展新兴文化业态。要以超前的眼光敏锐捕捉文化产业发展的新机遇，大力发展文化创意、手机电视、网络电视、数字出版、动漫游戏等新兴文化产业，催生新的文化业态，拓展文化产业发展领域，不断提升新兴文化业态的比重。第三，加强文化科技创新。加快建立以企业为主体、市场为导向、产学研相结合的文化科技创新体系，促进创新要素向文化企业集聚，推出更多兼备科技含量和文化含量的新兴文化产品。推动将文化领域的科技研发纳入国家科技创新体系，主动参与高新技术研发和标准制定，在重点领域和关键环节形成更多具有自主知识产权的创新技术，努力抢占文化产业发展的制高点。

4. 着力培育和开拓文化市场，打开文化产业发展的空间

繁荣发展文化产业离不开完善的市场体系，文化市场发育的程度决定着文化产业发展的水平。要适应发展社会主义市场经济的新形势，加快构建统一开放、竞争有序的现代文化市场体系。第一，加快构建现代文化市场体系。要继续加强文化产品市场建设，加快发展图书报刊、电子音像、演出娱乐、动漫游戏、电影、广播电视节目等产品市场。积极培育文化要素市场，有序发展文化人才、信息、技术等交易市场，建立健全文化资产评估体系、文化产权交易体系，发展以版权交易为核心的各类文化资产交易市场，不断提高文化生产要素流通的市场化程度。第二，进一步完善市场准入制度。建立健全文化产业投融资体系，降低准入门槛，提高政策透明度，充分调动社会资本发展文化产业的积极性。鼓励和引导文化企业面向资本市场融资，支持社会资本以多种形式投资文化产业，鼓励、扶持民营文化企业发展，形成以公有制为主体、多种所有制共同发展的文化产业格局。第三，培育扩大文化消费。要把投资拉动与消费拉动结合起来，适应民众文化消费需求日趋多样化、加快发展大众性文化消费市场，积极发展文化服务消费，开发中高端消费市场，培育特色文化消费，形成新的文化消费增长点。

5. 扩大文化服务产品的出口，不断提高文化产业的国际竞争力

要不断推动中华文化“走出去”，这是扩大文化影响力、提升文化软实力的战略举措，也是我国文化产业参与国际文化市场竞争、拓展发展空间、提高文化发展质量水平的必然选择。第一，积极创新文化“走出去”模式。要在继续加强政府主导的对外文化交流的同时，积极探索市场化、商业化的运作方式，开发适销对路的文化产品，提供国外受众易于接受的文化服务，扩大我国文化产品和服务在国际文化市场中的份额。第二，进一步强化对外营销。深入研究国际文化领域竞争的状况，熟悉和掌握现代营销理念，更好地运用世贸组织规则，积极探索符合国际惯例和市场运作规律的营销方式。第三，鼓励文化企业通过投资、合资、控股、参股等多种方式，在境外设立分支机构，使我国文化产品更直接地进入国际文化市场。

6. 加强文化人才培养，为文化产业又好又快发展提供保障

要加快文化产业的发展步伐，使其成为国民经济的支柱产业，就要不断加强文化人才的选拔、培养与使用。要正确处理好充分调动广大文化工作者的积极性与培养造就大批文化领域创新型、复合型、外向型、科技型等新型人才

的关系。要在各个领域、各个门类培养一批领军人物，造就一批文化名家大师和民族文化代言人。要不断适应社会主义市场经济深入发展的新要求，着眼壮大职业经理人队伍，加强宣传思想文化业务和现代经营管理知识的培训，培养一批懂文化、会经营、善管理的高层次文化经营管理人才。要适应文化与科技日益融合的新趋势，着眼壮大专业技术人才队伍，加强数字技术、网络技术等专业技术的培训，加强政治和文化业务培训，培养一批掌握现代高新技术、善于运用科技手段推动文化产业发展的创新型人才。要适应对外开放进一步扩大的新形势，着眼壮大文化贸易人才队伍，加强涉外文化政策和现代营销理念的培训，培养一批熟悉国际文化市场规则、善于开拓国际文化市场的外向型人才。只有拥有一支过硬的专业人才梯队，我国文化产业才可能获得可持续发展。

第九章 加快建设中华民族优秀传统文化的传承体系

党的十七届六中全会通过的《中共中央关于深化文化体制改革、推动社会主义文化大发展大繁荣若干重大问题的决定》提出,“要建设优秀传统文化传承体系”“要全面认识祖国传统文化,取其精华、去其糟粕,古为今用、推陈出新,坚持保护利用、普及弘扬并重,加强对优秀传统文化思想价值的挖掘和开发,维护民族文化基本元素,使优秀传统文化成为新时代鼓舞人民前进的精神力量”“要加强文化典籍整理和出版工作,推进文化典籍资源数字化。加强国家重大文化和自然遗产地、重点文物保护单位、历史文化名城名镇名村保护建设,抓好非物质文化遗产保护传承。深入挖掘民族传统节日文化内涵,广泛开展优秀传统文化教育普及活动。发挥国民教育在文化传承创新中的基础性作用,增加优秀传统文化课程内容,加强优秀传统文化教学研究基地建设”。这些表述体现了党中央对建设中华民族优秀传统文化的高度重视,同时,也体现了党中央对中华民族优秀传统文化在国民素质教育中的重要性的高度重视。

一、中华民族优秀传统文化的内涵及基本精神

传统文化,起源于过去,融合现在和未来,以动态的主流观念和价值取向,影响着人们的思想和行为。

1. 中华民族优秀传统文化的内涵

文化本身是一个动态的概念,是一个历史的发展过程,因此,文化既具有地域特征和民族特征,又具有时代特征。在历史性意义上,中国文化是指源远流长的传统文化。

传统文化是指在长期的历史发展过程中形成和发展起来,保留在民族中的具有稳定形态的文化。中国传统文化是指以华夏民族为主流的多元文化在长期的历史发展过程中融合、形成、发展起来,具有稳定形态的中国文化,包括思想观念、思维方式、价值取向、道德情操、生活方式、礼仪制度、风俗习惯、宗教信仰、文学艺术和教育科技等诸多层面的丰富内容。

传统文化是一个复杂的矛盾体,需要具体分析。要全面认识祖国传统文

化，取其精华，去其糟粕，使之与当代社会相适应，与现代文明相协调，保持民族性，体现时代性。一个民族如果没有自己的科技，可能会亡国；一个民族如果丧失了自己的文化，就要亡种。而亡种比亡国更可怕。对中华民族来说，中国传统文化是中华民族的象征，是中华民族区别于其他民族的重要标志。对于中国传统文化，一棒子打死，妄自菲薄、数典忘祖，搞历史虚无主义是不行的；但抱残守缺、照抄照搬、全盘吸收，大搞复古主义，也是违背历史发展规律的。

对于中国文化的发展，有识之士在不断思索。1935 年《中国本位的文化建设宣言》旗帜鲜明地提出中国应进行本位文化建设，指出对肇始于近代的民族文化危机，"我们不能任其自然推移，我们要求有中国本位的文化建设!"同时，"要使中国能在文化的领域中抬头，要使中国的政治、社会和思想都具有中国的特征，必须从事于中国本位的文化建设"。1958 年《为中国文化敬告世界人士宣言》建议以儒家文化为主，融会西方"民主、科学"，以达"返本开新"后的世界价值和济世功用。《甲申文化宣言》强调全球化背景下文化平等、多元共生的见解及中华文化对世界未来的可能性贡献。"主张每个国家、民族都有权利和义务保存和发展自己的传统文化，都有权利自主选择接受、不完全接受或在某些具体领域完全不接受外来文化因素""不同族群的恒久信仰、行为方式和习俗，则理应受到尊重""主张文明对话，以减少偏见、减少敌意，消弭隔阂、消弭误解。我们反对排斥异质文明的狭隘民族主义，更反对以优劣论文明"。近代中国的三次文化宣言，通过以文化的名义直抒当下诉求，折射出近代以来中国文化策略指向演进的历史轨迹以及未来文化建设策略在价值取向和技术选择上的理性趋势。

对待中国古代传统文化的态度问题，近代以来一直存在着两种对立的思想倾向：一是国粹派，认为中国传统文化一切都好，甚至对二十四孝也不加批判地完全肯定；一是西化派，把中国落后的一切根源归于文化传统，主张完全抛弃中国的传统文化而全盘西化。这两种观点都是错误的，我们对待传统文化的科学态度和方法应该是古为今用，批判继承。

一是对那些在长期历史实践中形成的优秀价值原则，可以转化为时代精神来继承。例如《周易大传》中"天行健，君子以自强不息"的刚健有为精神，《论语》中所提倡的舍生取义、见利思义、见危授命、"三军可夺帅，匹夫不可夺志"的品质，以及"士不可以不弘毅，任重而道远"的历史使命感，《孟子》中提出的"富贵不能淫，贫贱不能移，威武不能屈"的独立人格以及"乐以天下，忧以天下"的忧患意识，《春秋公羊传》中强调的天下统一的思想等，都很容易转化为新的时代精神。尤其是强调统一的思想传统,更具有现实意义。

二是对有些内容可剔除其封建性的思想内核,提取其有用的精神因素,使之成为今天新文化建设有用的思想要素,如“民本”思想。从西周初年的“敬天保民”到孟子的“民为贵,社稷次之,君为轻”再到荀子的“君者,舟也;庶人者,水也。水则载舟,水则覆舟”,民本思想构成了中国古代政治思想的重要组成部分。当然古代“民本”的真正内涵,不是也不可能是人民的利益。今天我们剔除其封建内核,则可以从人民当家做主的角度来转化古代的民本思想,将其发展为人民的利益高于一切的社会主义观念。儒家提出“修己安人”“正心修身”等命题,在建立社会主义市场经济的今天仍具现实意义。

三是对传统文化中的糟粕,必须否定和抛弃。如“三从四德”的女性观,“天不变道也不变”的自然观,“别尊卑,明贵贱”的封建等级观等。

2. 中华优秀传统文化的基本精神

从实质上看,中华优秀传统文化的基本精神是中华民族代代相传的民族精神。

(1)忧患精神。儒学忧国忧民的忧患意识,是对于国家生存和人民生命的关怀,是对个体和整个人类的命运、未来变化的责任和使命意识的表征。忧患意识基于宗教的人文化、圣王的分裂和士的自我觉醒。孔子讲“士志于道”,士作为道德价值理念的维护者,主动肩负起拯救社会无序的宏愿,激发起无限忧道忧民的悲情。“君子忧道不忧贫”,这种忧道的积极入世品格,使忧世悯民精神得以提升,而与仁相融合。孟子继承孔子,提出“忧患”的概念,认为人的生命存在、事业兴败、国家存亡,都与有无忧患意识相关联。“乐民之乐者,民亦乐其乐;忧民之忧者,民亦忧其忧。”以百姓忧乐为自己的忧乐,百姓也会以国王的忧乐为自己的忧乐,和普天下人同忧同乐,就可以达到圣王的境界。《周易》是忧患之作,孔子韦编三绝,为之作传,就是要使人懂得知危则戒惧,才能平安无危;知平安无危则偷安,就会倾危。这就是要居安思危,存不忘亡,治不忘乱,这样才能长治久安。总之,儒学的忧患精神是对国家民族关怀的博大情怀,是面临危难、困境而不屈服、不畏难的积极参与、敢负责任的精神,是救民族于危亡、救人民于水火而敢于牺牲奉献的精神,是居安思危、处兴思亡的辩证理性精神。在当前人类面临人与自然的生态危机、人与社会的文明危机、人与人的道德危机、人心灵的精神危机、文明冲突的价值危机的危难之时,中华民族应高扬忧患意识,在回应与化解人类五大危机中做出自己的贡献。

(2)乐道精神。人总有所向往、有所追求,这是精神的特殊需要。此“道”可以是一种理论、学说,也可以是一种高超的技艺,如茶道、花道。它们都可以给人以精神的宁静、愉悦和享受。在这种享受中,人的精神得以提升,情操获得陶冶,气质得到超拔。乐道精神在孔子的求道历程中得到充分体现,他"发愤忘食,乐以忘忧,不知老之将至"。一生孜孜追求,发愤忘食求道,而忧道之不可得,一旦得道,乐而忘忧。这种乐道精神,是得道时的美的精神满足。为获得得道的精神满足,颜回宁可放弃富裕的物质生活,而甘于贫贱。后来孟子发挥这种乐道精神说:"得志与民由之,不得志独行其道。富贵不能淫,贫贱不能移,威武不能屈,此之谓大丈夫。"这是讲应怎样坚持自己的信念和原则,不被富贵、贫贱、威武所迷惑、动摇、屈服而放弃自己的信念和原则,即不放弃求道、得道之乐。孔子认为,乐有两种,一是对人有益的快乐,如符合礼乐节度,称道别人的善处,交贤明的朋友,这是真快乐,包含着丰富的仁义礼乐的内涵,是乐道精神的体现。二是对人有害的快乐,如以骄傲为乐,以游荡为乐,以晏食荒淫为乐,这种快乐是不符礼乐节度,有违仁义廉耻的快乐,是非乐道精神。孟子并不否定人可以从感官欲望和自然生理本能的满足中获得快乐,但反对纵欲、佚游、晏乐的满足和愉快。虽然孟子把"理义之悦我心,犹刍豢之悦我口"并提,将"理义"的道德愉悦和道德美感与感性愉悦和生理美感并重,实际上他更重视前者。理义的愉悦,即乐道精神的体现,亦乐道精神的内涵,具体而言,如事亲从兄的仁义之乐,知此节此的智礼之乐。这种道德愉悦使人情不自禁地手舞足蹈,达到道德美感的精神境界。孟子认为达到诚的境界,是最高的乐道精神的体现。"万物皆备于我矣。反身而诚,乐莫大焉"。"反身而诚"的大乐,是对最高的道德境界的愉悦体验。把诚提高到天道的位置,便是一种天人合一境界的内外融合而产生的愉悦。乐的享受,孔、孟虽都肯定心理、生理情欲满足引起的快乐体验,但重心逐渐从物质的、感性的、生理的层面转向精神的、道德的、理性的层面,追求乐心和乐道。乐心和乐道,就是要塑造真善美和合境界,这是乐道精神所追求的终极境界。

(3)天人合一的精神。和合是儒学对人的生存、意义及可能世界的思考活动,它是儒学所普遍认同的理念,并纵贯儒学演变的全过程,尽管先秦以后有断裂,但现仍有传承,它辐射社会伦理道德、心理结构、价值观念,行为方式、思维方式、审美情感等。儒学和合精神是其价值理想,既是宇宙精神,又是道德精神,是天道与人道即天人合一的精神,是人与社会、人与人、人的心灵冲突融合而和合的精神。和合是天地万物存有的根据或原因,是存有的方式,是动态的、开放的过程,是心情宁静安详、心绪和平恬淡、心灵充实愉悦的境界。和合的目的是达到人和而天和,人乐而天乐的天人和乐的境界。

(4)人本精神。中国较早提出"人本"概念的先贤是管子。管子所讲的人本，就是把人当做人看，尊重人格，尊重人的自我意志，满足人的需要，可称为人本位主义。孔子的人本精神不仅在把人当做人看，尊重人格，而且注重如何做人、怎样做人，关怀人的内在道德修养。孔子仁学充分体现了人本精神。他所说的人，是具有人格的人，而不是其他外在要素的附属品或派生者。因为孔子仁学的核心是讲人，所以仁学也可称为人学或人本学。仁之所以说是人的内在超越，首先在于仁与人在内涵上有互相贯通、圆融之处。如"泛爱众，而亲仁"是讲博爱大众，亲近有道德的仁人。其次，人应该是有仁德的人，无仁德就不是人。仁是处理人与人之间关系的行为规范或道德标准。再次，爱人虽意味着由主体而及于客体，但要求由主体自我做起，树立主体型人格。从内圣仁的自我修养，到家庭仁的实践，再到外王仁行天下，贯穿着爱人而人人互爱的人道（仁道）精神，这是人本精神的血脉和生命。若无仁道精神，人本精神就不可能实现。战国时，战争频繁，人民苦难，睿智的思想家大都超越国家的局限，从天下人的视角来思考战争问题。墨子提出"兼相爱"的主张；孟子的仁，是人的哲学升华，是人本精神的显现，也是人的本质的体现。仁的本质就是人，无人就无所谓仁；人又蕴涵着仁，无仁，人体、人的本质便无以表现。"仁也者，人也""仁，人心也"。于是，孔子、孟子从仁中发现了人及人的本质，从仁学中建立了人学。只有当人超越了自然人、本能人，人的本质才能被发现，人本精神才得以体现。荀子不但继承孔子的"仁者爱人"，还发现孟子"亲亲仁也"的思想，又接受了墨子的"兼爱"思想。他把"爱"分为爱人和爱民两个层次。从爱人来说，是仁者之事，施予不同的人以不同的爱，以及不同的敬。爱人是有限定的、非普遍的爱。从爱民来说，是政治价值的选择，而非道德价值的选择；是以普天下所有的人为施爱的对象，而非以亲者、贤者、贵者为先为厚的施爱对象。儒墨都强调泛爱众的人类之爱的人本精神，当儒学在强调"仁"要从自我做起的时候，就确认了个体主体的独立人格和尊严，这标志着个体主体的自觉。个体主体提升为类主体，从人性的普遍性说明了人类的存在。儒学对个体主体和类主体的地位、作用、价值的独立性、尊严性的肯定，即是人本精神的确立。

（5）笃行精神。笃行精神凸显了儒学入世品格和刚健精神，是儒学积极投身现实社会、奋发进取、自强不息、追求自己理想价值实现的精神。儒学认为，忧患精神的化解、乐道精神的实现、和合精神的追求、人本精神的弘扬，都有赖于笃行精神的支撑和践行。儒学以其入世品格和刚健精神，激发了"国家兴亡，匹夫有责"的担当意识和忧患意识，提升了处贫贱而乐于求道的乐感精神，探索了"和实生物"和化解人与自然、社会、人际冲突融合的和合精神，培育了仁者爱人、民贵君轻、水(人民)能载覆舟的人道(人本)精神。在忧患、乐道、和合、人本四类精神中,都蕴涵着笃行精神的意蕴。孔子既重视认知主体和知识的来源问题的探讨,又强调行的价值,讲求学与行、言与行的一致、融合。孔子主张听言观行,重视对行为的考察,"君子不以言举人",选拔人才不能只听言,否则能说会道者、阿谀奉承者会被选拔上来,而埋头苦干者、能干实干者就会被冷落。孔子看到了言与行、知与行的冲突,主张转知为行、知行统一的笃行精神。

千百年来,中国传统文化基本精神的人格力量,指导和支撑着中华民族的前进和发展。这种人格力量通过世代延续的耳濡目染,通过"润物细无声"的潜移默化,已经深深地在世代中国人的心中扎根,形成一种不自觉的氛围,制约和指导着每一个人的一言一行。这才有了范仲淹"先天下之忧而忧,后天下之乐而乐"的壮丽诗篇;才有了屈原愤然跳入汨罗江的千古壮举;才有了司马迁忍天下不能忍之"痛",苦修《史记》;才有了林则徐面对洋人的利炮坚船面不改色;才有了无数中华儿女,为了中华民族的自强、壮大和腾飞而抛头颅、洒热血;才有了中华民族历经千年风雨仍巍然屹立在世界东方。

二、加强对中国传统文化的保护和发展

加强对中国传统文化的保护和发展对建设当代和谐社会具有重要的意义。

1. 重视中国传统文化的理论研究

任何一个民族、一个国家,不管是对历史负责,还是对未来负责,都应保有自己的文化特色,保护自己的文化遗产。尽管这个"文化酱缸"在一定时期内束缚了历史的发展,但中国传统文化是中国的特色,是中国宝贵的物质和精神财富,是五千年文化的积累,是中国文化保持长久生命力的重要因素。因此,我们要加强中国传统文化的研究、整理,从中吸取精髓,使之发扬光大,摒弃糟粕,以史为鉴。

2. 保护中国传统文化的物质载体

文化的"神"是文化的核心和灵魂,文化的"形"是文化的"神"的载体,要发挥传统文化新的生命活力,就应实现其"神"与其"形"的现代统一。因此,一方面要致力于传统文化固有的"形"——保存、保护经典文本、文物古迹、传统节庆、优良的民间习俗、民间谚语等文化遗产,使之继续发挥其作为传统文化"神"的载体的作用;另一方面又要总结传统文化中的"神",对其进行现代价值再创造,融入中国特色社会主义的理念和价值观念,及时反映和体现出改革开

放进程中涌现出的一些新思维、新观念、新取向，使中国文化更具时代特征和时代引导能力，使有“形”的文化遗产具有现代生命力。党的十七届六中全会通过的《中共中央关于深化文化体制改革、推动社会主义文化大发展大繁荣若干重大问题的决定》指出，“加强文化典籍整理和出版工作，推进文化典籍资源数字化。加强国家重大文化和自然遗产地、重点文物保护单位、历史文化名城名镇名村保护建设，抓好非物质文化遗产保护传承。”要提高文物保护水平，贯彻保护为主、抢救第一、合理利用、加强管理的方针，科学规划，保障投入，切实保护好中华民族的瑰宝。要加强非物质文化遗产保护传承，健全非物质文化遗产普查、建档制度和代表性传承人认定制度，对濒危非物质文化遗产项目和年老体弱的代表性传承人实施抢救性保护，对具有一定市场前景的非物质文化遗产项目实施生产性保护，对非物质文化遗产集聚区实施整体性保护。加强中华古籍保护与出版，认真做好文化典籍整理工作，继续实施文化典籍编撰出版重大工程，推进文化典籍资源数字化。要拓展文化遗产传承利用途径，促进文化遗产资源在与产业和市场的结合中实现传承和可持续发展。

3. 重构中国传统文化的价值体系

中国传统文化的许多腐朽、落后、愚昧成分已经难以适应中国特色社会主义现代化建设实践的需要，必然会被文化自身的新陈代谢所抛弃。中国传统文化的传承与改造要有面向现代化、面向世界、面向未来的时代意识，弘扬中华民族的主体意识，坚持取其精华、去其糟粕，古为今用、洋为中用的原则。传统文化中“仁义礼智信”“以和为贵”“兼爱”“尚贤”“自强不息”等文化元素要大胆地发扬光大，使之成为中国先进文化的重要组成部分。对于西方文化中包含的科学精神、民主思想、法制观念、人权理论等文明成果，我们要批判借鉴，使中国传统文化的价值体系更加完善。

三、积极建设优秀传统文化传承体系

中华优秀传统文化对于凝聚和团结全国各族人民起着重要的纽带和基础作用。传承中华优秀传统文化，培育和弘扬民族精神，对于增强民族自尊心、自信心和自豪感，使全国人民始终保持奋发有为、昂扬向上的精神状态，实现中华民族的伟大复兴，具有特别重要的意义。

1. 加强文化典籍整理和出版工作

党的十七届六中全会指出，要加强文化典籍整理和出版工作，推进文化典籍资源数字化。为此，出版社应重点资助公益性古籍整理出版项目；重点资助具有重要文化传承和积累价值、弘扬民族文化的古籍整理出版项目；重点资助具有很高史料价值、集大成的古籍整理出版项目；重点资助对推动中国文化“走出去”具有重要意义和作用的古籍整理出版项目；重点保证已列入国家古籍整理出版重点规划内的项目，适当兼顾规划外的重要项目；重点资助古籍整理项目，适当兼顾高质量的古籍研究著述。

2. 加强国家文化保护建设和非物质文化遗产保护传承

党的十七届六中全会指出，加强文化和自然遗产地、重点文物保护单位、历史文化名城名镇名村保护建设，抓好非物质文化遗产保护传承。目前，我国已经拥有全国重点文物保护单位 1 268 处，评审全国重点文物保护单位的基本制度也已历经 50 多年。由国务院公布全国重点文物保护单位，是我国文物保护工作的一项基本制度，也是这一事业的重要基础。新中国成立以来，通过不同规模的文物普查及相关工作，国家已基本摸清了我国文物的家底。1961 年，故宫、乾陵等 180 处不可移动文物被列为我国第一批全国重点文物保护单位，首开评审全国重点文物保护单位的先河，揭开了新中国文化遗产保护事业的崭新篇章。后来，国务院分别于 1982 年、1988 年、1996 年和 2001 年先后公布了第二至第五批全国重点文物保护单位。50 多年来，这些被列为全国重点文物保护单位的文物遗迹，作为中华五千年悠久文化的历史精华和杰出代表，受到了普遍的重视。“全国重点文物保护单位”称号是那些独具特色的文化遗产的最好的身份证和最有力的“护身符”，各级政府据此依法进行保护和管理，国民由此触摸到了中华文化的脉络。

事实上，世界各国都通过国家直接管理的形式，对重要文化遗产进行统一保护。美国国家遗产公园管理局直接管辖 379 处重要遗产，埃及由国家直接管理的文物古迹有 2 万处。我国的全国重点文物保护单位的数量虽已达 1 268处，但依然偏少。这不仅与我国悠久的历史、丰富的文化遗产不相适应，与一些同是发展中国家的国家相比也存在一定差距，同时也与当前我国文物保护工作的需要不相适应。相当多的具有很高价值的文物古迹因为缺少必要的保护等问题还没有发挥其应有的作用。同时，在有些地方，文物古迹遭到严重破坏的情况不断发生。

3. 深入挖掘民族传统节日文化内涵及教育普及活动

党的十七届六中全会指出，深入挖掘民族传统节日文化内涵，广泛开展优秀传统文化教育普及活动。传统节日是一个民族的“身份证”，是一种独特的文化“标志”，是民族文化中不可缺少的部分。没有任何一种文化载体能像传统节日一样集中反映我们国家和民族的文化特点，流露我们的民族情感。但是，在经济全球化的大背景下，社会物质化和物质商业化成为潮流，传统节日逐渐被冷落和淡化，传统节日的文化内涵几乎被抽空，只剩下节日的"空壳"，成了"购物节"和"吃喝节"的大比拼。脱离了原始意义和文化内容的传统节日，同普通假日一样，成了人们休闲、娱乐、消费的日子。我国传统节日淡出，圣诞节、愚人节、情人节等"洋节"却乘虚而入。因为迎合了日渐沉闷的社会心理，现在"洋节日"大行其道，有喧宾夺主之势。传统文化的遗失和西方外来文化的"入侵"，引起了许多学者、专家和爱国之士的深深忧虑。国家新增了清明、端午、中秋、除夕为法定假日，通过立法的形式，"强制"人们过节，其根本用意也就在于强化传统节日的身份识别作用，唤起国人尤其是年轻人对传统文化的情感认同，弘扬中国传统文化。事实上，在我国民间人们还是很在意过传统节日的。以端午节为例，许多地方一直保留着吃粽子、划龙舟、插艾草、戴香袋、吃"五黄"、熏"五毒"等习俗。可惜这些带有浓郁民族特色的习俗，随着人们生活节奏的加快，正渐行渐远。

传统节日法定化，给了我们一个找寻失落记忆、恢复民俗、复兴民间节日文化的理由和机会。但仅"法定"还不够，国人特别是年轻人，应该全面、彻底地了解最基本的文化真相，并融入其中，形成民族文化自尊和自觉，才能真正把传统节日文化传承下去，发扬光大。应该对传统节日文化内涵进行挖掘、搜集和整理，通过开展活动等形式，恢复传统文化习俗，宣传节日文化，以强化其身份识别作用。

4. 发挥国民教育在文化传承创新中的基础性作用

党的十七届六中全会指出，发挥国民教育在文化传承创新中的基础性作用，增加优秀传统文化课程内容，加强优秀传统文化教学研究基地建设，大力推广和规范使用国家通用语言文字，科学保护各民族语言文字。中国传统文化教育是个由来已久的话题，也是国家常抓不懈的一项工作。2006 年 9 月，国务院发布的《国家"十一五"文化发展规划纲要》明确提出："重视中华优秀传统文化教育和传统经典、技艺的传承。在有条件的小学开设书法、绘画、传统工艺等课程，在中学语文课程中适当增加传统经典范文、诗词的比重，中小学各学科课程都要结合学科特点融入中华优秀传统文化内容""高等学校要创造条件，面向全体大学生开设中国语文课"。要系统地传播中国传统文化，还应该将其作为一门专门的课程独立于语文、历史等其他各科。这是向中国知识阶层传播传统文化的重要途径，而知识阶层是发展文化的生力军，是普及文化的传播者。这门课程应重在介绍中国传统思想、传统价值观和道德观、传统风俗习惯、传统文学艺术等，让学生在这门课程中认识到中国传统文化的博大精深而产生敬畏感；看到中国传统文化与现代中国千丝万缕的联系而产生历史认同感和归属感；看到中国传统文化与世界发展的联系而产生自信心；吸收中国传统思想而提高道德修养，学习中国传统文学艺术而获得美的教育。应该增加优秀传统文化课程内容，加强优秀传统文化教学研究基地建设。

少数民族文化是中华文化的重要组成部分，是中华民族的共有精神财富。党的十七届六中全会指出，要“繁荣发展少数民族文化事业，开展少数民族特色文化保护工作，加强少数民族语言文字党报党刊、广播影视节目、出版物等译制播出出版”。要加快少数民族地区公共文化基础设施建设，国家实施各项重大文化工程时，加大对少数民族和民族地区的倾斜力度。加大少数民族公共文化产品和服务供给力度。加强少数民族传统文化保护、抢救和传承、创新，促进现代技术和手段在少数民族文化发展中的应用，推进少数民族文化对外交流。

5. 积极加强同港、澳、台的各种形式的文化交流

党的十七届六中全会指出，加强同香港、澳门的文化交流合作，加强同台湾的各种形式文化交流，共同弘扬中华优秀传统文化。香港、澳门和台湾，同是炎黄子孙，有共同的文化基础和文化心理。因此，要通过各种形式加强彼此间的联系，共同筑建中国文化。蕴藏着丰富价值理念的中国传统文化必将在人类新一轮道德价值规范的重构中找到自己的位置，成为中华民族伟大复兴和中国和平崛起的强大精神动力。

6. 着力推进优秀传统文化传承体系“五化”建设

(1)现代化。这里的现代化主要指的是现代化的科技手段。中华民族五千年的文明积累了极为丰富的文化遗产，既有物质文化遗产，也有非物质文化遗产。要加强规划，加大投入，特别是运用现代科技手段，认真做好文化典籍整理工作，切实保护我们的文化瑰宝。

(2)生活化。逐步使“仁义礼智信”“温良恭俭让”“礼义廉耻”成为日常生活规范。培育与人为善、乐于助人的道德情感，形成相互尊重、礼让宽容的人际关系，营造互谅互让、友好协商、我为人人、人人为我的社会风尚，创造关爱他人、团结互助、维护公平、伸张正义的社会氛围。

(3)社会化。使中华文化走入社区和社会，改造和发展具有浓郁民族特色的民间风俗礼仪，开展丰富多样、健康有益的民间民俗文化活动，保持中华民族共有的精神记忆和文化传承。

(4)教育化。使中华文化成为小学、中学的重要课程。切实做好中小学生的传统文化教育，各学科课程都要结合学科特点融入中华优秀传统文化的内容，在全国中小学生中广泛开展典籍诵读活动。

(5)网络化。要把中华文化的丰厚资源与现代数字、网络技术结合起来，使网络成为传播中华文化的重要载体，使更多的人了解传统文化，喜爱传统文化，成为优秀传统文化的承载者和传播者。

第十章 加快建设现代传播体系提高文化传播力

党的十七届六中全会通过的《中共中央关于深化文化体制改革、推动社会主义文化大发展大繁荣若干重大问题的决定》指出，提高社会主义先进文化辐射力和影响力，必须加快构建技术先进、传输快捷、覆盖广泛的现代传播体系。这是党中央根据世情国情党情的深刻变化，对宣传文化工作做出的重要战略部署。贯彻落实党的十七届六中全会部署，加快构建现代传播体系，努力形成与我国经济社会发展水平和国际地位相称的国内国际传播能力，已经成为宣传文化工作面临的一项十分重要而紧迫的战略任务。

一、现代传播体系的内涵及构建原则

现代传播体系，是指随着信息传播技术的突飞猛进和广泛应用，直接催生的移动互联网、手机媒体、网络电视、电子报刊等一批新的媒体形态、媒介终端所构成的信息传播平台。现代传播体系不断发展，使得新闻信息传播内容更加丰富、主体更加多元、渠道更加多样、速度更加快捷、范围更加广泛，社会舆论的形成和传播渠道更加复杂多元，单一传播媒介已经不能完全满足受众需求，仅仅依靠报纸、广播、电视等传统媒体也难以实现对社会舆论的有效引导，各种传播媒介"各自为战"的传播方式已经滞后于时代发展。现代传播体系，效率迅捷，方式方法灵活多样，其功能一般包括以下几个方面：

第一，必须坚持正确的新闻舆论导向。正确的新闻舆论导向，能够起到团结人民、鼓舞人民、激励人民的巨大作用。在经济振兴的关键时期，营造振兴发展的浓厚氛围是建设现代传播体系的关键。我们要坚持团结稳定，唱响主旋律，把握主动权，不断增强舆论引导的及时性、权威性和公信力、影响力。要加强对社会热点问题的引导，做好积极引导、正面引导、深度引导，切实提高舆论引导的实效。着力增强重大突发事件应急报道能力，做到第一时间发出权威声音，掌握舆论引导先机。

第二，必须大力提高文化传播能力。要加强对媒体的管理，构建统筹协调、责任分明、功能互补、覆盖广泛、富有效率的舆论引导格局。加强重要媒体建设，加快数字化转型，扩大有效覆盖面。大力发展新兴传播载体，促进主流舆论引导立体化。推进“三网融合”，进一步提高文化的辐射力、影响力和竞争力。

第三，必须发展健康向上的网络文化。要加强网络文化建设管理和网上舆论引导，唱响网上思想文化主旋律。做大做强新闻网站，用好全国重点网站，提高网络文化产品供给能力。发展网络新技术新业态，占领网络信息传播制高点。规范网上信息传播秩序，培育文明理性的网络环境。

文化的影响力，不仅取决于其思想内容，同时也取决于其传播能力。谁的传播能力强大，谁的覆盖触角宽广，谁的思想文化和价值观念就能更广泛地传播，谁就能更有力地影响世界。

建设现代传播体系，是顺应世界传媒发展趋势，实现中国媒体跨越式发展的需要；是更好地让国际社会了解中国、认识中国，向世界说明中国的需要；是积极参与国际文化竞争，增强中国文化软实力的需要；是打破西方舆论垄断，促进世界信息传播秩序更加公正合理的需要。

世界各地媒体、机构，特别是国际一流传媒集团纷纷把加强传播能力建设作为重要发展战略，想方设法积极应对国际传媒格局调整，在组织架构、技术支撑、产品形态、传播载体、网络布局、品牌建设、市场推广等方面加大改革发展力度，力图进一步壮大实力，继续保持和提升在国际传媒领域的地位和优势。

近年来，我国宣传文化部门也大力加强传播能力建设，在国内国际的传播水平显著提高，为凝聚民族力量、推动社会进步、扩大我国在世界的影响作出了积极贡献。但是，与我国经济社会快速发展的要求相比，与人民群众不断增长的精神文化需求相比，与现代科学技术和传播手段迅猛发展的形势相比，与我国日益提升的国际地位相比，我国的文化传播能力还不相适应、存在差距。面对新形势新任务新要求，我们要大力加强重点媒体传播能力建设，完善采编、发行、播发系统，加快数字化转型，扩大有效覆盖面，打造一批语种多、受众广、信息量大、影响力强、覆盖全球的一流媒体。要创新走出去的体制机制，大力加强海外阵地建设和本土化建设，加快形成覆盖全球、更加健全的新闻信息采集传播网络，为提升我国文化在国际传媒领域的辐射力、影响力和竞争力奠定基础。要着力改进加强国际报道和对外报道，突出中国视角，主动设置议题，创新报道内容、形式、手段和机制，深入国际重要新闻事件和重大突发事件现场开展独家报道和深度报道，针对海外关注热点、焦点积极主动开展对外报道，进一步提高新闻信息原创率、首发率、落地率，切实增强对外传播实效，使中国的文字、图片、图像、声音更广泛地传播到世界各地，增进中国人民与世界各国人民的相互了解和友谊。要积极拓展与国际媒体和机构的交流合作，提高面向海外开展工作的能力，塑造良好国家形象，为进一步提升国家文化软实力作出更大贡献。

二、构建现代传播体系的对策与措施

1. 加快推进体制机制改革创新，进一步增强新闻宣传领域生机和活力

体制机制改革创新，是提高新闻宣传工作水平的强大动力和根本途径。近年来，我国新闻宣传领域积极推进体制机制改革，人民网、新华网等重点新闻网站完成转企改制并成立了股份制公司，非时政类报刊社转企改制在试点基础上全面铺开，出版社等国有经营性文化单位转企改制工作基本完成，《人民日报》《求是》等党报党刊实现采编与经营分开，电台、电视台制播分离改革顺利推进，媒体间跨地域、跨媒介兼并重组步伐加快，新闻宣传领域发展动力和活力不断增强。但从总体上看，我国新闻宣传领域改革创新还存在一定差距，一些束缚事业发展的体制机制问题仍然比较突出。因此，我们要按照创新体制、转换机制、面向市场、增强活力的要求，加大力度、加快进度、巩固提高、重点突破、全面推进，力争新闻宣传领域体制改革创新取得新突破，推动新闻宣传工作迈上新台阶。要始终坚持社会主义先进文化前进方向，巩固马克思主义在意识形态领域的指导地位，把社会效益摆在首位，努力实现社会效益和经济效益的统一。要积极稳妥推进新闻网站、非时政类报刊社等转企改制，完善法人治理结构，形成符合现代企业制度要求、体现文化企业特点的资产组织形式和经营管理模式，将其尽快建设成为自主经营、自我发展、自我创新、依法运营的市场主体。要深化新闻宣传单位内部改革，创新适应国际传播发展新趋势的体制机制，完善管理和运行机制，加快人事、收入分配、社会保障制度改革，推动一般时政类报刊社等文化事业单位实行企业化管理，加强绩效评估考核，不断增强运行效率和发展活力，力争在较短时间内打造一批具有国际影响力和竞争力的一流传媒机构和集团。

2. 增强传媒科技的引领和支撑能力，为抢占舆论引导制高点奠定坚实基础

科技创新是传媒发展的重要动力，技术实力的高低是决定媒体传播力、辐射力和影响力的重要因素。在科技日新月异的当今时代，先进的传媒科技深刻影响和改变了人们传播和接受信息的行为习惯，正在引发新闻信息生产传播方式和传媒格局的重大变革，在现代传媒业发展和竞争中的引领和决定作

用日益凸显。西方一流媒体历来十分重视高新技术的研发应用,无一例外地以雄厚技术实力作为其整体实力和核心竞争力的重要支撑,并积极应用新技术优化其业务流程和产品体系。美联社在世纪之交就推出了"数字美联"计划,不仅把传统的新闻产品平移到数字化平台上,还积极开发各种针对新媒体的新产品。面对现代传播技术迅猛发展的新趋势,我们要密切跟踪世界先进传媒科技发展趋势和传媒技术应用方向,切实加强前沿技术研发应用,力争掌控一批核心技术和关键共性技术,为我国传媒业发展提供有力的技术支撑。要加快科技创新成果转化,积极运用现代科技手段优化新闻业务流程和产品体系,加大先进技术设施和设备的配备力度,使高新技术成为推动我国媒体创新和增强传播能力的强劲动力。要加强技术交流合作,积极构建国际化、多元化的技术交流合作体系,加快推进技术标准体系建设,积极参与国际传媒领域相关标准制定,抢占传媒技术制高点,力争在国际新闻信息传播领域发挥更大影响。

高度关注互联网建设,已经成为社会各界的共识。很多经常浏览网页的人都注意到,以人民网、新华网、央视网为代表的我国新闻网站已经具有强大的影响力。人民网先后开通了英文、日文、法文、西班牙文、俄文和阿拉伯文等6个外语网站群,每天有来自200多个国家和地区的网民登录人民网,浏览人民网英文新闻的网民达70多万人,境外访问量占总访问量的30%左右。人民网总裁何加正说,"如何发挥互联网的优势,向境外读者更好地宣传中国,提升国家形象,已成为中国网络媒体积极思考和应对的课题。"他提出,新媒体应进一步加强新闻报道的数量和力度,使我国在国际上赢得更大的影响力和更多的话语权。北京大学新闻与传播学院教授关世杰则强调了新媒体环境下人际传播的重要意义,他告诉记者,"随着网络新媒介的介入,全球经济一体化进程的逐步实现,人与人的交流已经成为跨文化交流的重要组成部分,在人人皆有可能是对外传播之传者的大背景下,我们更要加强对公民个人的素质教育,特别是跨文化传播的素质教育。因为公民通过博客、播客和论坛等发表的言论将代表一个国家的形象。"

3. 创新文化生产方式,培育新兴文化产业业态

新兴文化产业是与传统文化产业相对的概念,是指伴随着现代科学技术发展而催生的新的文化产业业态。文化产业的业态如同有机物一样,也处于一个不断新生、变化、发展、衰亡的生命周期。各种文化业态在发展过程中并非简单的产生和消亡,而是相得益彰、互相融合,从而形成一个百花齐放、满园春色的繁荣局面,共同促进文化产业的发展。新的文化产业业态总是从旧的

文化产业业态之中蜕变而来，既继承了旧文化产业业态的某些特征，又具有旧文化产业业态不具备的新特征。当前，世界高新技术特别是数字技术的飞速发展与应用，为加快我国文化生产方式创新，形成新的文化产业业态提供了极好机遇。

科技进步催生文化产业新业态。科技进步对文化产业种类、形式、格局始终产生着极为深刻乃至决定性影响。文化产品能够大规模地工业化复制，文化产业的业态、种类和格局发生多元化变革，均有赖于科技进步。20 世纪马可尼成功实现了跨越大西洋的无线电通信，无线电广播业开始兴起；20 世纪 30 年代英国第一次正式的电子电视系统的公开广播，预示电视时代的来临；70 年代以后出现了激光照排技术，带来了图书出版业的巨大变革；90 年代以来，以网络技术和数字技术为主的高新技术，成为推动传统文化产业变革的催化剂。当代高新技术的特点是：数字化实现了不同形式的信息之间的相互转换；信息化实现了文字、图片、声音、图像、视频、动漫的有机结合；交互性使信息的传播者和受众之间实现双向互动，文化产品呈现人性化、个性化、互动性特征。一些信息产业高度发达的国家或地区，已经逐步形成以包括网络服务产业、数字游戏产业、电脑动画产业、移动内容产业、数字影音应用产业等为主的数字内容产业群。在高新技术推动下，新的文化产业的业态和种类不断产生，如电脑特技、电脑动画、电脑游戏、数字电视、网络电视、手机电视、手机小说等。毫无疑问，科技的不断进步促进了传统文化产业的产业升级，为传统文化产业注入了新的元素和功能，如数字图书、数字化出版、数字广播电视、网络广播电视、博客、移动电视、车载电视、数字电影，等等。

高新技术推动不同文化行业之间的融合。现代高新科技在促进传统文化产业与新兴文化产业相互转化的同时，也促进了多媒体融合，形成了新媒体产业，如网络游戏、动漫、MP4、多媒体手机，实现了跨产品、跨平台发展。它囊括了媒体产业、信息产业和计算机产业三个基本板块，横跨通信、网络、娱乐、媒体及传统文化艺术的各个行业，形成了全新的、综合性的产业形态。

4. 加强重要媒体建设

党的十七届六中全会强调，要加强党报党刊、通讯社、电台、电视台和重要出版社建设。党报党刊、通讯社、电台、电视台，是党的新闻宣传事业的主阵地、主力军，必须作为构建现代传播体系的战略重点。当前，我国正处在改革发展的关键时期，社会思想观念深刻变化，人们思想活动的独立性、选择性、多变性、差异性明显增强；同时，高新技术特别是信息网络技术迅猛发展，媒体传播理念、传播渠道、传播方式正在发生深刻的变化和调整。加强重要媒体建设，必须科学把握这些新形势、新趋势，着力提高舆论引导能力、数字化采编播能力、统筹传统媒体新兴媒体发展能力。

要把坚持正确导向、提高舆论引导能力贯穿媒体建设始终。要紧紧围绕深入贯彻“三贴近”原则，大力推进宣传创新，切实增强新闻宣传的亲和力、吸引力、感染力。要建立常态化的深入基层、深入群众新闻工作机制，正确引导社会舆论，有效回应社会关切，更好服务百姓生活。要健全新闻报道快速反应机制，第一时间发出权威声音。要积极探索把握新形势下舆论引导机制，提高新闻信息量，提高现场直播能力，增强引导和回应群众参与互动的能力。

数字化是媒体发展的重要趋势，不仅促进了媒体采编、发行、播发系统的技术升级，而且带来了媒体内部管理体制、运行机制的全方位变革。要坚持以数字化为龙头，以科技创新带动体制机制创新，加快媒体现代化进程，实现多媒体综合集成发展。要加强党报党刊采编系统数字化网络化建设，加快存量资源数字化转换，积极推进数字出版、数字印刷、数字发行、数字阅读。要加快电台、电视台台内数字化建设，构建采、编、播、存、用一体化的数字技术新体系，构建面向多个播出平台、多种用户终端的综合制播系统，大幅度地提升广播电视播出质量和水平。

互联网等新兴媒体发展迅速，已经成为覆盖广泛、影响巨大的大众传媒。占领文化传播制高点，就必须抢占科学技术制高点。把握舆论引导主动权，就必须把握新媒体发展主动权。党报党刊、通讯社、电台、电视台和重要出版社要从战略高度重视新媒体、发展新媒体，切实增强统筹传统媒体、新兴媒体发展的能力。要充分发挥资源优势，积极拓展网络报刊、网络广播电视、手机报刊、手机电视、移动多媒体等新兴领域和新兴传播阵地，使新兴媒体成为传播社会主义先进文化的新阵地、提供公共文化服务的新平台、人们健康精神文化生活的新空间。

5. 加强国际传播能力建设

党的十七届六中全会对我国国际传播能力建设做出了部署。我们必须服从服务国家对外工作大局，紧紧围绕提升我国综合国力，切实把国际传播能力建设作为构建现代传播体系的重要内容，着力扩大对外宣传，建设全球传输覆盖网络，加强对外文化交流合作，切实增强我国国际舆论话语权，提升中华文化国际影响力。

强大的媒体是衡量一个国家国际传播能力的重要标志，是建设文化强国的重要途径。经过多年发展，我国重点媒体已经具备了打造国际一流媒体的良好基础和条件：《人民日报》建设新闻资源系统，加快海外版数字化转型；新华社驻外分社超过 140 个，形成比较健全的全球新闻信息采集网络和新闻发布体系；中国国际广播电台建有海外记者站 32 个，建成 62 个境外整频率电台，使用 61 种语言对外播出；中央电视台海外记者站达 50 个，开播英语、西班牙语、法语、俄语、阿拉伯语、汉语 6 种语言 7 个国际频道，在 141 个国家和地区落地，海外用户超过 2 亿；《中国日报》形成国内旗舰版、美国版、欧洲版、亚洲版共同发展的局面；中新社海外版覆盖 22 个国家；人民网、新华网、中国网络电视台影响力不断增强；等等。但是，我们必须清醒地看到，与国际大型传媒集团相比，我国重点媒体在制播能力、传播能力、新媒体发展能力等方面还有明显的差距，国际舆论影响力、国际事务话语权还相对较弱。必须加大工作力度，采取有力措施，加快打造语种多、受众广、信息量大、影响力强、覆盖全球的国际一流媒体，实现我国重点媒体国际传播能力的跨越式发展，使我国主流媒体的图像、声音、文字、信息更广泛地传播到世界各地。

打造国际一流媒体，要立足我国媒体发展实际，充分借鉴跨国传媒的有益经验，坚持硬件和软件并重，同步推进基础设施建设和信息内容建设。一要完善新闻信息采集网络。把新闻触角延伸到世界各地，提高采编播发综合业务能力，特别是能够做到现场报道、权威报道重要国际新闻事件，努力提高新闻信息原创率、首发率、落地率。二要加强内容建设。深入研究国外受众心理特点和接受习惯，贴近中国和世界发展的实际，贴近国外受众对中国信息的需求，贴近国外受众的思维习惯，利用现代传播技巧，运用国外受众听得懂、易接受的方式和语言，增强内容的吸引力和影响力。三要加强本土化建设。逐步实现信息采集、编辑制作等业务流程的本土化运作，切实增强传播实效。四要扩大海外传播发行、落地覆盖。在巩固传统传播方式的同时，积极利用互联网等新技术手段完善全球传输覆盖网络，扩大在境外的覆盖面。要注重培育市场化、专业化的营销主体，构建符合市场运作规律、覆盖广泛的营销体系，不断提高新闻信息产品营销能力。

6. 建立国家应急广播体系

建立统一联动、安全可靠的国家应急广播体系，是党中央根据国际经验和我国实际，对我国现代传播体系建设提出的新任务新要求。从国际上看，利用广播电视传播紧急信息、发布预警消息是世界各国普遍采用的有效手段，欧洲、美国、日本等都把广播电视作为政府应急体系中最重要的信息发布渠道，将广播电视机构纳入应急体系，建立应急广播系统。从 1963 年开始，美国就逐步建设了连接数千个广播电视台、有线电视网、卫星广播网络的覆盖全美的应急广播系统；欧洲建立的应急体系也将广播电视作为重要组成部分；日本已经建成较为完善的应急广播系统，遇到突发事件能够通过广播电视迅速发布紧急信息。

从国内看，近年来，我国发生了南方雨雪冰冻、“5·12”汶川特大地震、“4·14”玉树强烈地震等重大自然灾害，给国家造成巨大损失，对人民群众生产生活造成了重大影响。在这些重大自然灾害等突发公共事件的应急处置中，广播电视在及时传达政令、发布信息、引导舆论、稳定人心、协助救灾等方面发挥了不可替代的作用，充分证明了其在应急处置中的独特功能和重要地位，已经成为国家应急体系不可缺少的重要组成部分。

目前，国家应急广播体系建设已列入《我国国民经济和社会发展第十二个五年规划纲要》，有关工作正在抓紧推进。国家应急广播体系建设要根据国家应急体系建设总体要求，充分利用无线、有线、卫星等传输资源，综合采取中短波广播、调频广播、移动多媒体广播和数字音频广播等技术手段，以中央人民广播电台为龙头，联结省、市、县，着力建立健全应急广播的信息采集播出、传输覆盖、接收等系统，努力做到统一联动、安全可靠，使之在应对突发公共事件中发挥更大作用。按照计划，我国将于2015年年底前基本完成国家应急广播体系建设，实现应急广播的全国覆盖和稳定运行。

7. 积极推进三网融合

三网融合是指电信网、广电网、互联网在向宽带通信网、数字电视网、下一代互联网演进过程中，其技术功能趋于一致，业务范围趋于相同，网络互联互通、资源共享，能为用户提供话音、数据和广播电视等多种服务。三网融合是我国经济和社会信息化的重大战略任务，是充分发挥各类信息网络设施文化传播作用的内在要求，必须作为构建现代传播体系的重要工作来推进。

按照党中央、国务院部署，三网融合正在扎实推进。2010年1月21日，国务院印发实施《推进三网融合的总体方案》，全面阐述了推进三网融合的重要意义、指导思想和基本原则，明确了三网融合总体目标，提出到2015年，实现电信网、广电网、互联网融合发展，新型信息产品和服务不断涌现，网络利用率大幅提高，科技创新能力明显增强，国民经济和社会信息化水平迅速提升，网络信息安全和文化安全保障能力进一步增强，信息产业、文化产业和社会事业进一步发展，社会主义文化进一步繁荣，人民群众享有更加丰富多样、快捷经济的信息和文化服务。总体方案提出了分两步走的工作目标，2010—2012年为试点阶段，2013—2015年为推广阶段；确定了推动广电、电信业务双向准入，加强网络建设和统筹规划，强化网络信息安全和文化安全监管，推动产业发展等4个方面的任务。2010年6月，国务院办公厅印发了三网融合试点方案，并公布了第一批 12 个试点地区（城市）名单。目前，试点工作已取得积极进展。

推进三网融合，对改造提升广播电视网提出了紧迫要求。截至 2010 年年底，我国有线电视干线网络超过 330 万千米，全国有线电视用户达 1.89 亿户，覆盖全国所有大中城市、部分乡镇以及不少农村地区，其中数字电视用户 8 799万户。但不容忽视的是，有线电视网络资源分散、条块分割，不少地区网络技术水平落后。为了适应三网融合要求，必须加快有线电视网络由小网向大网、模拟向数字、单向向双向、用户看电视向用电视的转变。一方面，要加快有线电视网络整合。抓紧组建国家级广播电视网络公司，逐步实现全国有线电视网络统一规划、统一建设、统一运营、统一管理。另一方面，要加快有线电视网络大容量、双向交互升级改造。具体目标是，到 2015 年全国县级以上城市有线电视网络全面实现数字化，80％基本实现双向化。同时，以有线数字电视、移动多媒体广播电视等网络为基础，以我国自主创新的核心技术为支撑，加快下一代广播电视网（NGB）建设，努力建设以视频服务为主、提供多种信息服务、可管可控、安全可靠的综合信息网络。目前，12 个三网融合试点城市正在抓紧下一代广播电视网示范区建设。

第十一章 提升文化软实力 推动中华文化走向世界

任何国家的兴衰成败，既取决于该国家的硬实力，也取决于它的软实力。而文化软实力则是制约每个国家软实力的经纬，是维系该国家软实力的灵魂。任何一个国家在提升本国政治、经济、军事硬实力的同时，必须非常重视文化软实力的提升。因此，根据我国文化发展水平不断提高文化软实力，不仅是我国文化建设的一个战略要点，也是我国建设和谐世界战略的重要组成部分，更是实现中华民族伟大复兴的重要前提。

近年来，我国的文化软实力建设在文化体制改革、加快文化产业建设、提升区域文化软实力、挖掘传统文化、拓展对外文化传播等方面取得了长足进步，但与西方发达国家横向比较来看，我国的文化软实力建设仍有较大的提升空间，推动中华文化走向世界的任务依然任重而道远。

一、提升文化软实力，推动中华文化走向世界的重大意义

文化软实力在很大程度上表现为民族文化的凝聚力。民族文化具有整合资源、凝聚意志、达成共识、提振精神的力量，是支撑国家、民族生存和发展的强大精神动力。增强文化凝聚力，必须大力弘扬中华民族主流文化，积极建设社会主义核心价值体系，大力弘扬优秀传统文化，在增强文化凝聚力上下硬工夫。在建设中国特色社会主义、实现中华民族伟大复兴的历史进程中，我们迫切需要文化软实力充实发展硬道理，着力培育民族精神、提高国民素质、激发奋斗热情，为改革开放和社会主义现代化建设提供强有力的思想保证、精神动力、智力支持，更好地把全国各族人民的意志和力量凝聚起来，万众一心为实现全面建设小康社会的宏伟目标而奋斗。

1. 我党对软实力建设重要性的认识历程

“软实力”这个概念是美国著名政治学家约瑟夫·奈于1990年提出来的，但当时并未引起国际学术界的重视。2004年，他又作了进一步阐述和补充，正式出版《软实力：世界政治中的成功之道》一书，在国际学界和政界产生了重大影响。“软实力”成为近年来风靡国际关系领域的最流行词汇之一，提升软

实力成为社会各界热烈讨论的话题。约瑟夫·奈认为:一个国家的综合国力,既包括由经济、科技、军事实力等所体现出来的“硬实力”,也包括以文化、价值观、对外政策等体现出来的“软实力”。

文化软实力是国家软实力的核心因素,主要表现为一个国家或地区文化的影响力、凝聚力和感召力。文化软实力外延宽泛,如果我们把文化理解为“人类一切精神活动及其结果的总和”的话,那么文化软实力这个概念的外延既包括政治、外交、意识形态、价值体系,又包括哲学、法律、语言、宗教、艺术,等等,所有这些东西所产生的综合影响力,就构成了一个国家的文化软实力。我们的精神文明建设、社会主义文化建设、宣传思想文化教育、爱国主义和民族精神的弘扬、良好国际形象的树立、政策策略研究、哲学社会科学研究、新闻出版、广播影视、文学艺术、文化产业对积极健康的意识形态属性和社会效益的追求,均属文化软实力建设。

我党历来高度重视推动中华文化走向世界,多次就开展对外文化交流、推动中华文化走向世界、提高国家文化软实力等重大问题作出重要论述和决策部署。从党的十六大开始就不断强调,要“着眼于世界文化发展的前沿,发扬民族文化的优秀传统,汲取世界各民族的长处,在内容和形式上积极创新,不断增强中国特色社会主义文化的吸引力和感召力”。在党的十六届五中全会通过的《中共中央关于制定国民经济和社会发展第十一个五年规划的建议》中首次提出要“积极开拓国际文化市场,推动中华文化走向世界”。党的十七大强调要“加强对外文化交流,吸收各国优秀文明成果,增强中华文化国际影响力”。2010 年,中央政治局专门就深化文化体制改革问题进行集体学习,胡锦涛总书记发表重要讲话,指出“文化是民族凝聚力和创造力的重要源泉,是综合国力竞争的重要因素,是经济社会发展的重要支撑”“要精心打造中华民族文化品牌,提高我国文化产业国际竞争力,推动中华文化走向世界”。2011 年胡锦涛总书记在庆祝中国共产党成立 90 周年大会上的重要讲话中进一步指出“要着眼于推动中华文化走向世界,形成与我国国际地位相对称的文化软实力,提高中华文化国际影响力”。

最近,党的十七届六中全会通过的《中共中央关于深化文化体制改革、推动社会主义文化大发展大繁荣若干重大问题的决定》突出强调了推动中华文化走向世界的重要意义,将推动中华文化走向世界作为进一步深化改革开放、加快构建有利于文化繁荣发展的体制机制的重要举措之一,指出要“开展多渠道多形式多层次对外文化交流,广泛参与世界文明对话,促进文化相互借鉴,增强中华文化在世界上的感召力和影响力,共同维护文化多样性”。这些重要论述和决策部署高屋建瓴，总揽全局，深化了对推动中华文化走向世界的战略意义的认识，为推动中华文化更好地走向世界提供了强大的精神动力。

2. 提升文化软实力的重要性

任何一个国家要想在激烈的国际竞争中赢得主动，就必须在不断提升经济实力、科技实力和国防力量的同时，不断加强国家文化软实力建设。

第一，提升文化软实力是促进国家发展进步、振兴中华民族的客观要求。一个民族的文化，凝聚着这个民族对世界和生命的历史认知和现实感受，积淀着这个民族最深层的精神追求和行为准则。数千年来，中华民族之所以能饱经沧桑而不倒、历经磨难而不亡，一个重要原因就是它有着深厚的文化传统和悠久的民族精神。古往今来，每一个伟大民族都有自己博大精深的文化，一个民族的觉醒首先是文化的觉醒，一个国家的强盛更是离不开文化的支撑。文化传统和民族精神深深熔铸在每一个民族的血脉之中，它始终是民族发展和国家振兴的巨大精神力量。

第二，提升文化软实力也是增强国家核心竞争力的重要途径。一个国家的综合国力，不仅包括经济实力、技术实力、国防实力，同时还包括民族凝聚力、道德感召力、舆论引导力等，这种精神力量也是综合国力的重要组成部分。随着世界多极化、经济全球化的深入发展和科学技术的日新月异，文化与经济、政治相互交融的程度不断加深，与科学技术的结合更加紧密，经济的文化含量日益提高，文化的经济功能也越来越强，文化已经成为国家核心竞争力的重要因素。如果物质硬实力不行，可能一打就败；而如果文化软实力不行，则可能不打自败。谁占据了文化发展的制高点，谁拥有了强大的文化软实力，谁就能够在激烈的国际竞争中赢得主动。我国作为发展中的社会主义国家，要想在新的国际竞争中立于不败之地，就必须尽快提高文化软实力，形成与我国经济社会发展和国际地位相适应的文化优势。

第三，提升文化软实力还是全面建设小康社会的根本要求。在当今社会，文化已成为衡量社会文明程度和人民生活质量的显著标志。文化的进步反映着社会的文明进步，文化的发展推动着人的全面发展。我们所要实现的现代化是经济、政治、文化、社会全面发展的现代化，我们所要全面建设的小康社会既需要殷实富足的物质生活，也需要丰富健康的文化生活和精神生活。如今，人们的精神文化需求日趋旺盛，全社会求知求乐求美的愿望更加强烈。与之相比，我国文化发展的总体水平还不高，同人民群众日益增长的精神文化需求还相差很远，同全面建设小康社会的要求也还不相适应。这就迫切要求我们进一步加大文化建设的力度，不断提高国家的文化软实力。

3. 推动中华文化走向世界的重大意义

第一，推动中华文化走向世界，是不断提升我国综合国力、维护国家文化安全的需要。当今世界正经历大发展大变革大调整，国际形势变化深刻复杂，世界多极化、经济全球化深入发展，科技进步日新月异，各种思想文化相互激荡，综合国力竞争日趋激烈。文化是一个国家核心竞争力的重要组成部分，在综合国力竞争中的地位和作用越来越突出。随着以价值理念、发展道路、民族精神、国家形象等为核心内容的软实力竞争越来越激烈，世界各主要大国均将提高文化软实力作为重要发展战略，千方百计壮大本国文化的整体实力和国际竞争力，力求占据国际文化发展和竞争的制高点。如果中华文化不能走向世界，不能形成足够的影响力，则不利于传播中国声音、树立中国形象，甚至会影响到中国在国际问题上的话语权，而最终必然制约中国硬实力的发展。当下文化与经济和政治相互交融，越来越成为综合国力竞争的重要因素，这使提高国家文化软实力的任务更加紧迫，也使维护国家文化安全的问题日益凸显。

随着我国国际地位的日益提升，中国企业海外投资的规模越来越大、范围越来越广，扩大文化对外交流和贸易已迫在眉睫。与此同时，大力发展文化对外贸易，对于提升国内文化产业发展的水平和质量，对于提升我国综合国力更是具有重要的战略意义。从实际情况来看，我们在经济上已逐渐硬起来了，但另一只文化之手却是软的；我们经济发展的势头强劲，“中国制造”在不断走向世界，而中西文化交流却是“贸易逆差”，严重入超。当今世界文化重大转折的景观是：国际间的经济技术军事竞争正显现为“文化竞争”，或者说那种可见的国力“硬实力”竞争，已逐渐被更隐蔽的文化“软实力”竞争所遮掩，对这个国际文化未来的大格局，必须引起足够重视。文化软实力竞争的一个重要载体便是文化产品。文化产品是文化软实力的物质表现形态。从目前现状看，我国文化产品明显表现为缺乏国际竞争力和影响力，且不说美、日、韩的影视动漫等文化产品充斥中国市场，中国本身自有的文化资源如花木兰、宝莲灯、宝葫芦等反而在境外影视制造基地焕发了生命力，这些产品反过来进一步抢滩中国市场。在西方人抱怨对中国巨大的贸易赤字的时候，我们却面临着对西方巨大的文化赤字。我国虽是文化资源大国，但同时又是文化产品生产弱国，文化产品贸易存在着严重的贸易逆差。英国前首相撒切尔说过：“中国不会成为世界大国，因为中国出口的是电视机，而不是思想观念。”这更加提醒我们，中华文化不“走出去”，中国在世界上就只能永远是二流国家。因此，从提高国家文化软实力、维护国家文化安全的角度出发，就必须尽快形成与我国国际地位相适应的文化软实力，不断推动中华文化走向世界，更好地抢占先机，赢得主动。

第二，推动中华文化走向世界，是增强民族凝聚力和创造力，促进经济社会发展的重要途径。文化是一个民族的精神和灵魂，是国家发展和民族振兴的强大力量。大力弘扬中华文化，推动中华文化走向世界，让博大精深的中华文化再现辉煌，对增强民族凝聚力、自信心和自豪感，构建社会主义和谐社会具有不可或缺的重要作用。

中华民族传统文化源远流长，以儒释道为主要内容。由于受历史和科技水平的局限，中国古代传统文化难免有封建糟粕和迷信杂质，但其主体内容博大精深，蕴涵着非常丰富的文化软实力要素，其理性价值和伦理精神适应人类社会发展趋势，至今仍然闪烁着耀眼的生命力之光。中国传统文化中所包含的讲仁义、倡忠勇、敬孝悌、重民本、守诚信、崇正义、尚合和、求大同等思想，是中华民族生生不息、团结统一的文化血脉，这些传统文化和精神是中国文化软实力的文化基础，是一种内在的、隐性的文化竞争力。面对全球范围内各种思想文化的相互激荡，必须把弘扬和培育民族精神作为提升文化软实力极为重要的任务，使全体人民始终保持昂扬向上的精神状态。要认真挖掘和提炼传统文化中的有益思想价值，深刻认识祖国传统文化的历史意义和现实价值，按照取其精华、去其糟粕的要求进行科学梳理，挖掘符合时代发展要求的内容，汲取合理思想内核，赋予新的时代内涵，使之与当代社会相适应。与此同时，还必须大力开展对外文化贸易，加快拓展国际文化市场，推动文化产品和服务出口，这对推动文化产业成为国民经济支柱性产业，加快转变经济发展方式，促进国民经济保持平稳较快增长具有越来越重要的意义和作用。

第三，推动中华文化走向世界，是建设持久和平、共同繁荣的和谐世界的战略选择。随着我国综合国力和国际影响力不断增强，推动中华文化走向世界，大力宣介“和为贵”、亲仁善邻、讲信修睦等中华文化，将一个文明、民主、开放、进步的中国展示给世界，对于树立和维护良好的国际形象，促进中外民众在传统文化、价值理念等方面的沟通与交流，加深各国人民对和平发展道路、和谐世界理念的理解和认同，营造有利于我国发展的良好外部环境，推动建设持久和平、共同繁荣的和谐世界等各方面工作，都具有越来越重要的战略意义。

二、提升我国文化软实力的着力点

中国人要以更豁达、开明、宽容的心态，更开阔的视野面对中国文化和世界文化。要深入发掘和研究中国自己的文化，在深刻了解自身文化的基础上形成文化自觉，不断提升我国文化软实力，并且能够站在更高的角度对世界文化作出贡献。要实现这一目标，必须大力推进文化发展建设，关键在于形成一套理念、一套战略、一套机制，要通过文化大发展大繁荣，以中国式的文化发展塑造中国特色文化大国形象，推动中华文化走向世界。

1. 大力建设社会主义核心价值体系，增强中华民族的凝聚力

文化软实力在很大程度上表现为国民的精神状态、意志品格和内在凝聚力，而这一切主要来自于人们对社会核心价值的认同。历史经验表明，任何一个国家要把全社会的意志和力量凝聚起来，都必须有一套与经济基础、政治制度相适应的核心价值体系。

我国是拥有13亿人口、56个民族的大国，靠什么统一人们的思想、凝聚人们的力量？靠的就是统一的指导思想、共同的理想信念、强大的精神支柱和基本的道德规范，也就是社会主义核心价值体系。如果没有这个最核心的东西，就会失去团结一致、共同奋斗的思想道德基础，就会导致人心涣散、社会混乱。我们要把建设社会主义核心价值体系，作为提高我国文化软实力的首要任务，坚持不懈地用马克思主义中国化的最新成果武装全党、教育人民，用中国特色社会主义共同理想凝聚力量，用以爱国主义为核心的民族精神和以改革创新为核心的时代精神鼓舞斗志，用社会主义荣辱观引领风尚，不断增强人们对中国共产党领导、社会主义制度、改革开放事业、全面建设小康社会目标的信念和信心。要切实把社会主义核心价值体系融入国民教育和精神文明建设全过程，融入经济、政治、文化、社会建设的各个领域，使之成为全体社会成员普遍理解接受、自觉遵守奉行的价值理念，成为全民族奋发向上的精神力量和团结和睦的精神纽带。要积极探索用社会主义核心价值体系引领社会思潮的有效途径，主动做好意识形态工作，既尊重差异、包容多样，又有力抵制各种错误和腐朽思想的影响。

2. 加快发展文化事业和文化产业，不断提高我国文化的总体实力和国际竞争力

发展是硬道理，是解决中国所有问题的关键，也是提高国家文化软实力的关键。21世纪前20年是我国社会主义现代化建设的重要战略机遇期，也是文化发展的重要战略机遇期。我们要树立强烈的机遇意识、发展意识，开阔发展思路，拓宽发展途径，推动我国文化事业全面繁荣和文化产业快速发展。要把发展公益性文化事业作为保障人民基本文化权益的重要途径，坚持以政府为主导，加大财政投入力度，加强社区和乡村文化设施建设，鼓励社会力量积极参与公益性文化建设，拓宽服务渠道，健全服务网络，不断提高公共文化产

品和服务的供给能力。

文化产业概念强调文化创造财富和文化增加价值，既重视文化的市场化推动文化产品的生产、经营和消费，又重视市场文化化的趋势，努力提高产品和服务的文化附加值和大力发展“以文化为基础的经济”或创意产业。新的文化产业政策要遵循“五个坚持”的基本原则，即坚持把社会效益放在首位、坚持以体制改革和科技进步为动力、坚持走中国特色文化产业发展道路、坚持以结构调整为主线、坚持内外并举。此外还必须加强高端人才培养。丰富的人才储备是文化产业保持竞争优势的一个关键因素。文化产业是典型的知识密集型产业，需要大批高素质的人才。应积极创造条件，有计划地培养一批有文化、有素质、有能力的经营人才、管理人才、专业技术人才特别是复合型人才；加大人才机制创新，完善人才使用、竞争和激励机制，吸引和挖掘优秀人才，使优秀人才进得来、留得住、用得上。

要坚持以市场为主渠道，通过积极的产业政策和有序的市场化运作，充分发挥国有文化企业的骨干作用，保护好、引导好民营企业投资文化产业的积极性，迅速壮大我国文化产业的规模，使文化产业占国民经济比重明显提高、国际竞争力显著增强。美国等国家发展的经验表明，文化不仅是经济的重要组成部分，是推动经济发展的重要杠杆，同时也代表着一个国家和民族的文明程度、发展水平。在全球化的今天，强大的文化就是强大的国际影响力，因此文化体现着国家的“软实力”，反映其国际竞争力。美国的文化产业占其整个GDP的1/3，美国的电影业、英国和意大利的创意产业、日本的动漫业、韩国的游戏业产值都超过了各自国家钢铁业的产值。由于文化产业是绿色产业、环保产业，文化产业在GDP中所占的比重提高对经济结构的调整、对资源节约、节能环保都具有积极意义。文化产业对GDP的贡献越大，经济结构就越趋向合理平衡。要实施重大文化产业项目带动战略，加快文化产业基地和区域性特色文化产业群建设，培育文化产业骨干企业和战略投资者，打造具有核心竞争力的文化产品和文化品牌。

3. 提高文化传播能力，不断扩大我国文化的影响力

文化传播深度决定文化影响广度。一个国家文化的影响力，不仅取决于其内容是否具有独特魅力，而且取决于是否具有先进的传播手段和强大的传播能力。特别是在当今信息社会，凡是传播手段先进、传播能力强大的国家，其文化理念和价值观念就能广为流传，就能掌握影响世界、影响人心的话语权。文化的传播能力已经成为国家文化软实力的决定性因素。提高我国文化软实力，一方面要不断丰富和创新文化内容形式，另一方面必须花大力气提高

文化传播能力。新闻媒体是信息传播、文化扩散的重要载体，在文化传播中处于特殊地位。

国家文化软实力的提高需要以现代传媒为载体以扩大其文化影响力。为此，要创新传播方式，在积极推动国内主流媒体进入国际传媒市场的同时，采取收购、兼并、控股、联合、合作、节目交换、引进国外人才等多种方式，掌握更多的国际传媒资源，充分利用国内、国际两种传媒资源传播中国的声音。要把提升主流媒体影响力作为提高文化传播能力的战略重点，进一步加大投入，完善扶持政策，壮大总体实力，提高核心竞争力，做大做强主流新闻媒体，形成与我国国际地位相称的舆论力量。互联网作为20世纪最具社会影响的科技进步的手段和载体，带来了文化传播方式的深刻变革。要深刻认识互联网在文化传播方面的巨大潜能和可能产生的不可估量的影响，高度重视互联网的运用和管理，把发展积极健康的网络文化作为提高我国文化软实力的新引擎，努力使互联网成为传播社会主义先进文化的新阵地、公共文化服务的新平台、人们健康精神文化生活的新空间。继续推动政府间文化交流活动，把政府间文化交流与国际文化贸易结合起来，把政府推动与企业市场化运作结合起来。着力打造一批具有国际竞争力的外向型文化企业，打造具有重要影响力的国际文化交易平台，打造具有核心竞争力的知名文化品牌。同时，鼓励有条件的出版传媒企业采取独资、合资、合作等形式，到境外兴办报纸、期刊、出版社、印刷厂等实体，拓展国外和港澳台地区市场，进一步扩大中华文化的国际影响力和传播力。强化国际舆论引导，着力建设语种多、受众广、信息量大、影响力强、覆盖全球的国际一流媒体，使我们的图像、声音、文字、信息更广泛地传播到世界各地，进入千家万户。要积极扩大文化教育的国际交流与合作，进一步加大汉语国际推广工作的力度，不断提高汉语在互联网的使用率和影响力。

4. 调动社会各方面力量参与支持文化建设，激发全社会的文化创造活力

提高国家文化软实力，是一个宏大的系统工程，需要全党全社会共同努力。加强文化软实力研究和发展的总体规划，围绕国家经济社会发展和国际外交战略的需求，及时组织中国文化软实力研究重大课题攻关，并从战略层面、组织层面、学术层面、管理层面、技术层面、操作层面等全方位加强高素质人才队伍建设。人民群众不仅是物质财富的创造者，也是精神财富的创造者。要充分发挥人民群众在文化建设中的主体作用，坚持发展为了人民、发展依靠人民、发展成果由人民共享，进一步激发人民群众的文化创造潜能，使文化大发展大繁荣拥有广泛而坚实的群众基础。

积极推进文化创新，增强中国文化发展的生机和活力。创新是马克思主

义的本质特征，与时俱进，不断创新是一种文化维持自身生机与活力的重要前提。因此提高自主创新能力是国家文化软实力发展战略的核心，也是提高国家文化软实力的关键。要充分调动广大文化工作者的积极性，发扬艺术民主和学术民主，提倡不同学术观点、不同风格流派相互切磋、平等讨论，营造宽松和谐的文化发展环境，表彰有杰出贡献的文化工作者，使各类文化人才有展示舞台、创造有实现空间、贡献得到社会尊重。要采取有效措施、创造有利条件，动员党政各部门、社会各方面共同参与文化建设，让一切文化创造的活力竞相迸发，让一切文化创造的源泉充分涌流，让一切有志于文化创造的建设者的积极性得到充分发挥。

三、推动中华文化走向世界的重要举措

推动中华文化走向世界是个系统工程。我们要深入领会党的十七届六中全会通过的《中共中央关于深化文化体制改革、推动社会主义文化大发展大繁荣若干重大问题的决定》精神，借深化文化体制改革、推动社会主义文化大发展大繁荣的强劲东风，统筹国内国际两个大局，加大工作力度，不断开创中华文化走向世界的新局面。

1. 创新文化“走出去”的模式

第一，要有新的改革思路。“只有走出旧体制，才能走出国门。”从一定意义上说，在国内受欢迎的东西，在国际上某种程度也受欢迎；在国内卖不出去，国外也不要想。因为文化产品消费需要内容意义的共鸣。走出去的关键是创新我们自己的产品和监管方式。

第二，要有宽的国际视野。“走出去”应该是国际化、多元化或者多样化。国际社会最推崇多样化这个概念，由于多元化涉及价值争论，多样化特别是文化表现形式多样化，在联合国 2005 年 10 月通过了《保护和促进文化表现形式多样性公约》后得到了大力推动。在目前国际形势下，文化走出去已经不应该再是单向的从内向外的过程，同时也是从外向内的过程。

第三，要有强的技术能力。国际文化市场的格局已经形成，市场已经瓜分完毕，凭资金实力挤进去没有意义，应该凭技术。我们在技术创新方面，在形成新的消费和新的业态方面绝对有机会。三网合一在我国已经形成了蓬勃发展态势，如果考虑到互动是网络时代的特征，我国将进入一个人人参与创作的时期，相当于每年增加一亿内容原创者，这样的竞争实力是非常强大的，我们应该有足够的信心。

第四，要创新产业载体。目前文化走出去已经不是文化产品单一走出去，

而是玩具走出去，品牌服装走出去，各种文化符号负载的各种产品走出去，这方面已经完全是一个大文化产业。这是一个产业大融合的时代，这个融合不光是文化产业自身融合，文化产业和信息产业融合，而且是文化产业和所有产业的融合。我们应该推动这些产业内部的创意部门、文化生产部门发展。这些产业做强做大，才能提升中华文化的影响力。

总之，不论技术如何发展，不论出现哪些新模式，最重要、最核心、最具生命力和最具价值的，还是我们民族的历史和文化，是拥有自主知识产权的内容产品，当然还需要我们不断创新文化"走出去"的模式，不断扩大中华文化的世界影响力。

2. 实施文化"走出去"工程

中国有太多历史的积淀、太多文化的精粹，是世界上文化资源最丰富的国家，这是打造文化精品力作的依托。同时，真正打造文化精品力作，在形式和内容上要昂扬、积极向上，有正确高尚的人生观、价值观，以中国文化中的优秀、精粹为创作核心，同时要适应外国人的欣赏习惯。就像麦当劳在中国推生日聚会来适应中国消费者一样，我们的文化产品要受到世界的欢迎，也需要用适应外国人的方式。例如，2010 年 10 月由中外名人文化产业集团组织的，以厚重中国古典文化为基础的哈辉新雅乐演出，在以色列与当地优秀演员同台演出，受到包括佩雷斯总统在内的以色列观众热烈的欢迎，观众爆满，赞叹声不绝。这就是因为适应了以色列人的欣赏习惯，才有了这样的成功。

支持重点主流媒体在海外设立分支机构，培育一批具有国际竞争力的外向型文化企业，扶持文化出口重点项目，形成有实力的文化跨国企业和著名品牌。鼓励文化企业深入挖掘民族文化资源，开发国外受众易于接受的文化产品和服务，生产制作以外需为取向的文化产品。扩大版权贸易，支持出版物、电影、电视剧等出口，逐步改变文化产品进出口逆差的局面。完善译制、推介、咨询等方面扶持机制，发展对外文化中介机构，培育专业贸易公司和代理公司。加强国际文化产品交易平台和国际营销网络建设，办好中国国际文化产业博览交易会等国际性展会。积极参与国际文化贸易规则的制定。充分利用香港、澳门区位优势，推动文化产品和服务出口。

当前，文化软实力占有绝对优势的发达国家对世界的影响力和控制力主要体现在：一是对信息渠道的控制力，全球新闻发稿量 80% 来自美联社、路透社、法新社、合众社；二是对交流平台的控制力，美国、英国、德国在世界各地拥有上百个文化中心，全天候进行文化和价值观传播；三是对文化主体的控制力，有众多文化跨国公司，如时代华纳、迪斯尼、索尼等，节目制作动辄数亿美元，受众对象遍布全球。近年来，韩国、印度等发展中国家积极推行文化战略，运用国家资源支持文化产品出口并已形成品牌。我们要认真学习和借鉴这些做法，培育企业主体、增加传播渠道、建设交流平台、加大文化出口。中国文化“走出去”的具体对策也应根据具体情境而定。不同大洲有不同大洲的针对性；同一大洲不同国家的情况也有区别，同一国家不同时期不同项目也会有不同的期待。但有一点是无疑的，那就是中国文化走出去是一项旷日持久的大工程，一个世纪以来中国在国际文化交流中的弱势地位不是一朝一夕可以改变的，它需要几代人的韧性战斗。我们有理由相信，当代“以信息化带动工业化，发挥后发优势，实现社会生产力的跨越式发展”的中国，其文化也将逐步由低位向高位升挺，中外文化交流的“拿来”与“输出”将稳步趋向平衡。

3. 创新对外宣传方式方法

要与时俱进，不断探索开拓对外宣传的新思路新举措，力求增进世界人民对中国历史和现状的了解，传达中国人民的真诚和善意，拉近中外人民情感距离。要不断提高对外形象塑造和舆论引导水平，以外国人喜闻乐见的语言和方式进行交流和传播，多讲“中国故事”，力求实现“中国内涵、国际表达”。加强中国国家形象的设计，并制定切实可行的贯彻落实的措施，使热爱祖国、勤劳勇敢、独立自强、正直守信、尊重人权、文明礼貌、热爱和平、崇尚和谐等优秀品格成为中国形象的指代词。

推动中华文化走向世界不能采取搞运动的方式，否则宣传意味太浓，容易引起对方的怀疑和反感。这样做又恰恰违背软实力的基本特点。推动中华文化走向世界要像杜甫那首题为《春夜喜雨》诗中所说的：“随风潜入夜，润物细无声”。这是最好的办法，也是最有效的办法。要借鉴其他国家经验，积极探索我国对外文化传播的专业化、市场化道路，善于借助和利用国外知名公关咨询机构和大型跨国企业的传播优势。要借助手机、网络电视、数字出版、动漫游戏等高新技术和新媒体，及时占领新兴文化阵地。要重视人与人的交流，加大情感和思想沟通，“以文化人、以文促情、以文建信”，让中华文化走进世界人民内心。要从人文和文化角度唱响科学发展观、和平发展道路、和谐社会、和谐世界等重要思想理念，增进国际社会对我国的理解和支持。

4. 精心打造中华文化“知名品牌”，开拓国际文化市场

创新走出去模式，精心打造中华文化“拳头产品”“知名品牌”，开拓国际文化市场。要着力加强“欢乐春节”“感知中国”等大型文化活动的品牌建设，推动京剧、杂技、民乐、书法等民族艺术大量走出国门，使春节日渐成为中华文化传播的新载体。文化产品和服务出口增长迅速，各类优秀文化作品加速为世

界所认知。在中国与世界互动之频繁、交流之密切、融合之深刻前所未有的时代背景下,中华文化带来的"中国风""汉语热"风靡全球、方兴未艾,进一步推动中华文化走向世界正面临着难得的历史机遇。我国改革开放和经济社会建设取得巨大成就,综合国力不断增强,为推动中华文化走向世界奠定了坚实的基础。越来越多的外国人迫切希望通过学习汉语、认知中华文化来更好地与中国打交道,搭上中国发展的"快车",学习借鉴中国的成功经验,这些为推动中华文化走向世界提供了广阔的市场和空间。中华文化拥有的独特魅力和深刻的价值内涵,如和谐理念、重义守信、勤劳、和睦等中华文化精髓,为解决当代世界面临的新老问题提供了新理念新智慧,为各国探索发展道路提供了新思路新启迪。当然,推动中华文化走向世界也面临一系列严峻的挑战。我国的文化产业起步晚,规模小,国际传播力、影响力和竞争力有限,西方在舆论话语权等方面占据着绝对优势,世界文化格局"西强我弱"的状况尚未根本扭转,推动中华文化走向世界仍是一项长期而艰巨的任务。

5. 构建人文交流机制,提高中华文化影响力

全方位推动中华文化走向世界,让五大洲人民都体验和享受中华文化的魅力,有针对性地与广大发展中国家、周边国家和西方发达国家开展人文交流。充分利用多边和双边机制,整合社科、文学艺术、新闻、广播电视、出版、民族、侨务、体育、旅游等资源,开展国家文化年、中国文化节、"感知中国"等品牌活动,推广中华春节文化,打造"欢乐春节"等文化交流新品牌。实施对外文化合作及援助,扶持和加强边疆地区与周边国家和区域的文化交流与合作。加强海外中国文化中心和孔子学院建设,形成展示、体验与贸易并举的综合平台。加强文化使者互访和中华经典翻译出版,制定我国哲学社会科学优秀成果和优秀人才走出去规划,增强国际学术论坛的中国声音。加强中译外人才培养,组织对外翻译优秀学术成果和文化精品。建立面向外国青年的文化交流机制,设立中华文化国际传播贡献奖和国际性文化奖项。

每个国家和民族的文化都有自己的优势和长处,不同文化之间的相互学习和借鉴是文化发展的必要条件。中华文化胸襟博大、海纳百川,因兼收并蓄而丰富多彩,因博采众长而永葆活力。在日益开放的当今时代,文化的繁荣发展离不开同世界各种文明的对话。为此,我们要积极适应世界文化交流交融交锋更加频繁的新趋势,着眼于中华文化的长远发展,以更加自信的心态、更加开阔的视野,吸纳百家优长、兼集八方精义,使中华文化不仅植根于民族优秀传统文化的沃土,而且符合世界发展进步的潮流。当然,学习借鉴并不是盲目模仿、照抄照搬。必须从提高我国文化软实力的实际需要出发,对外来文化

进行具体分析，以我为主、为我所用、择善而从，既大胆吸收借鉴一切有利于我国文化建设的有益经验和优秀成果，又始终坚持自己的理念、信念和原则，有效抵制腐朽思想文化的侵蚀，在交流与借鉴过程中快速提高中华文化的影响力。

文化影响力是衡量和展示一个国家文化软实力的重要因素，美国《新闻周刊》评选出了进入21世纪以来世界最具文化影响力的一些国家文化及其形象符号，其中代表中国的文化形象主要有汉语、北京故宫、长城、苏州园林、孔子、道教、《孙子兵法》、兵马俑、丝绸、瓷器、京剧、少林寺、功夫、《西游记》、针灸、中国烹饪等。由此可以看出，外国人对中国文化形象的了解更多的还是中国传统文化。为了扩大中国现当代文化的影响力，我们必须借助现代化的文化艺术形式和现代文化传播手段，创造出更多富于时代气息、体现中国特色的文化标志、文化符号和文化品牌，充分调动各方面的积极性，拓宽对外文化交流渠道，把政府交流和民间交流结合起来，拓展民间交流合作领域，鼓励人民团体、民间组织、民营企业和个人从事对外文化交流。发挥非公有制文化企业、非营利性文化机构在对外文化交流中的作用，支持海外侨胞积极开展中外人文交流，更好地推动中华文化走向世界。

6. 推动中华文化走出去要形成合力

要让中华文化“走出去”，需要把政府的推动和学者的推动结合起来，把政治交往和学术交流结合起来，把经济交往和文化交往结合起来，把古代文化和现代文化传播结合起来，把高雅文化和大众文化传播结合起来，注重合力，共同推动。

中华文化走出去必须坚持两条腿走路，只有政府交流或仅民间互动都是不够的。文化走出去可以在政府支持的基础上，更多地利用商业的渠道、利用市场化的运作来推行。在培养一批有能力的企业走出去的过程中，政府要利用资源优势来扶持这些企业，利用政府在境外设立的文化处以及各种商贸的渠道为他们取得合适的营销的渠道。另外，还通过各种出口退税的政策，贴息的政策，增强他们的竞争力，想方设法支持有实力的文化企业能够生产出适销对路的产品，能够参与国际文化市场的竞争，能够把我们真正优秀的中华文化带到世界。在国际交往当中，应尽量避免用意识形态话语，特别要避免讲大话、空话、套话，而应更多地用学术的、通用的、大众的语言来交流，要注意研究、寻找人类共同的语言，用世界各国人民喜闻乐见的语言来传达我们的思想文化。

同时还要充分调动各方面的积极性，拓宽对外文化交流渠道，把政府交流和民间交流结合起来，拓展民间交流合作领域，鼓励人民团体、民间组织、民营企业和个人从事对外文化交流。从国际经验来看，政府之间的文化交流活动往往委托企业运营，但目前我国文化类企业还比较弱小、缺乏经验，需要发育过程。但一定从现在开始就要着手让企业做，积累经验，因为政府有培育市场的职能。而且要做规划，到一定程度，政府适当退出，发挥指导、扶持企业的职能。同时可以借鉴经济领域经验，考虑在沿海布局一批外向型的文化产品和服务贸易基地，包括在沿海的经济开放区、高新技术开发区、文化产业园区，以这些园区的硬件产品出口带动文化服务贸易发展，推动文化走出去。

第十二章　建设宏大文化人才队伍

党的十七届六中全会把人才建设摆在社会主义文化强国建设的突出位置，强调推动社会主义文化大发展大繁荣，队伍是基础，人才是关键，要求加快培养造就德才兼备、锐意创新、结构合理、规模宏大的高素质文化人才队伍。这既是我们党深入贯彻落实科学发展观，在日益频繁的国际文化交流交融交锋中赢得主动的战略选择，也是新时期提升国家文化软实力、推动文化大发展大繁荣的必然要求。

一、建设宏大文化人才队伍的重要意义

人才是第一资源，是社会文明进步、人民富裕幸福、国家繁荣昌盛的重要推动力量。我们党历来高度重视文化人才工作。革命战争年代，一大批文化仁人志士在中国共产党的感召下为传播革命思想前赴后继。新中国成立后，特别是改革开放以来，我们党实施了一系列加强人才工作的政策措施，培养造就了大批哲学社会科学、新闻文艺等领域的文化人才，在社会主义文化建设中发挥了重要作用。进入新世纪新阶段，我们党作出了实施人才强国战略的重大决策，人才发展环境进一步优化，文化人才发展取得显著成就，文化人才队伍不断壮大，社会主义文化建设欣欣向荣。同时，也应当清醒地看到，当前我国文化人才队伍总体状况与建设社会主义文化强国的时代要求还不相适应。党的十七届六中全会站在建设社会主义文化强国的新高度和文化事业发展繁荣新的历史起点上，进一步作出了建设宏大文化人才队伍，为社会主义文化大发展大繁荣提供有力人才支撑的战略部署，为我国文化人才发展和队伍建设指明了方向。

1. 建设宏大文化人才队伍是文化发展繁荣的第一推动力

人是文化的创造者，人才强，文化才能强。灿若群星的优秀人才既是文化兴盛的推动力量，又是文化兴盛的重要标志。当今世界正处在大发展大变革大调整时期，世界多极化、经济全球化深入发展，科学技术日新月异，人才资源已成为最重要的战略资源，人才在综合国力竞争中越来越具有决定性意义。文化人才作为党和国家人才队伍的重要组成部分，在全面建设小康社会、建设

社会主义文化强国、实现中华民族伟大复兴的历史进程中承担着重要任务。

古今中外无数事实证明：一个人才辈出的时代，必然是一个文化兴盛的时代。我国广大文化工作者在推进社会主义文化建设方面发挥了重要作用，作出了重要贡献，队伍建设取得了明显成效。但总的来看，文化人才队伍状况与建设社会主义文化强国的时代要求还不相适应，与提升国家文化软实力的重要任务还不相适应。实现文化强国的宏伟蓝图，必须进一步创新人才培养方式，拓展人才培养领域，提高人才培养质量，充分发挥广大文化工作者的积极性、主动性、创造性，尊重劳动、尊重知识、尊重人才、尊重创造，努力造就一批有影响的文化名家、文化大师和各领域领军人物，加快培养德才兼备、锐意创新、结构合理、规模宏大的文化人才队伍，切实做好培育人才、吸引人才、使用人才工作，形成人尽其才、才尽其用、各展所长的良好局面，为推动文化大发展大繁荣提供有力人才保障。

2. 建设宏大文化人才队伍是壮大文化产业的重中之重

对于文化产业来说，人是主体，是文化生产力的动力之源。文化产业要真正成为国民经济的支柱性产业，离不开高素质、高层次的领军人才和创新团队。甚至可以说，文化产业的竞争就是人才的竞争，文化产业的建设与发展就是人的建设与发展。正因为如此，在当前和今后一个时期，培育好、开发好、利用好文化人才这个宝贵资源，推动文化产业又好又快发展，是人才工作关键而紧迫的任务。当前我们正处在一个需要人才并且能够人才辈出的时代，必须进一步解放思想，创新体制机制，不拘一格用人才。

党的十七届六中全会通过的《中共中央关于深化文化体制改革、推动社会主义文化大发展大繁荣若干重大问题的决定》对文化领军人物和专业文化工作者的厚望，对基层文化人才队伍的强调，其实质是要提升文化人才队伍的产业能力。无论何种类型的文化产业，也无论何种相应政策的文化产业，最终的目的都是打造品牌。输出文化的前提是能够创造出文化产品，是能够被人类认同的文化思想。而这一切都离不开人才队伍的重大作用。

3. 建设宏大文化人才队伍是我国文化建设的基本战略

胡锦涛总书记强调指出，当前和今后一个时期，要抓好文化体制机制改革创新、构建公共文化服务体系、发展文化产业、引导文化产品创作生产等四项重点工作。要完成好这些工作，首当其冲的是人才保障。建设宏大文化人才队伍已经成为我国文化建设的一项基本战略，以高层次、高技能人才为重点的各类文化人才队伍不断壮大，文化人才环境不断优化，文化人才工作正呈现出良好的发展态势。我们要认真学习胡锦涛总书记的重要讲话精神，统一思想，勇于实践，以更宽的眼界、更广的思路、更大的胸怀，把人才作为支撑文化建设最为宝贵、最可持续和最具潜在优势的战略资源，把选才、引才、用才作为事关文化体制改革和文化建设全局的战略性举措来认识和把握，加快人才的优先发展，进一步增强改革创新意识，不断加强和改进我们的各项人才工作，以更加扎实、更加有力的措施，通过政策引导，吸引更多优秀人才向文化行业集聚，造就一批文化领域创新型、复合型、外向型、科技型的新型人才，为深化文化体制改革和文化建设提供强有力的组织保证和人才保障。

总之，文化发展，人才为本。人才是文化建设中最活跃的因素，是先进文化的创造者和传播者，人才工作在文化工作全局中占有十分重要的地位。实践证明，人才资源是第一资源，人才优势是最大的优势，推动社会主义文化大发展大繁荣，兴起社会主义文化建设新高潮，关键靠人才。

二、建设宏大文化人才队伍的基本要求

党的十七届六中全会提出“努力建设社会主义文化强国”的目标，强调队伍是基础，人才是关键，要求加快培养造就德才兼备、锐意创新、结构合理、规模宏大的高素质文化人才队伍，为社会主义文化大发展大繁荣提供有力人才支撑。很显然，没有一支德才兼备、锐意创新、结构合理、规模宏大的文化人才队伍，文化的发展与繁荣就不能落到实处。在这里，“德才兼备、锐意创新”是对文化人才队伍素质的基本要求，“结构合理、规模宏大”是对文化人才队伍结构、数量的基本要求。

1. 德才兼备是我们党一贯坚持的用人标准

培养造就文化人才，不仅要重才，更要重德。德才兼备就是同时具有良好的品德和才能。文化人才既要具备与所承担文化工作相适应的能力素质，更须具有高尚的道德品行和人格操守。要坚持把文化人才的德放在首位，形成以德修身、以德服众、以德领才、以德润才、德才兼备的用人导向，引导文化人才养成良好的政治品德、职业道德、家庭美德和社会公德。对那些放弃了个人操守、贪图私利的人，那些弄虚作假、欺上瞒下的人，那些以权谋私、与民争利的人，那些贪污受贿、沽名钓誉之徒，即使才华横溢，也不是我们所需要的文化人才。我们要的是能够以德修身、以德服众、以德领才、以德润才、德才兼备的文化人才队伍，这样的文化人才队伍才能引导我们的大众养成良好的政治品德、职业道德、家庭美德和社会公德。

一方面，文化工作者只有加强自身修养，完善道德人格，才能生产出优秀的文化产品。我国自古就有将“文品”与“人品”联系起来考察的传统。马克思

主义认为，文化工作者创造的文化产品，必然体现其世界观、人生观、价值观，也必然体现其审美倾向。文化工作者只有树立正确的世界观、人生观、价值观，才有可能创造出反映社会进步和人民群众所欢迎的优秀文化作品。

另一方面，文化工作者只有加强自身修养，做到道德人格高尚，才能适应伟大的时代发展变化。我们正处在一个伟大的时代，在开创美好未来的历史进程中，文化发展是重要的目标，又将为经济持续发展和社会全面进步提供强大的精神动力。文化要发挥引领风尚、教育人民、服务社会、推动发展的作用，迫切需要文化工作者站在时代前列，反映我们这个时代波澜壮阔的生活，展现人民群众创造历史的激情，激励广大人民投身创造更加美好生活的历史洪流中。要做到这一点，就要求广大文化工作者加强道德人格修养，做到信仰坚定、人格高尚、胸襟开阔、志趣高雅。

文化工作者要成为道德品行和人格操守的示范者，这既是创造先进文化的需要，也是传播先进文化、营造良好社会风尚的需要。在经济社会转型过程中，利益群体的变化，带来了社会价值观的多元化，各种思潮、风尚此起彼伏、泥沙俱下。文化工作者言行举止具有引领风尚的作用。这就要求文化工作者率先垂范，加强自身修养，培养道德情操，传播先进文化，弘扬健康文化，抵制腐朽文化，引导社会齐心协力繁荣发展社会主义文化。这对于发展中国特色社会主义伟大事业也有着特殊重要的意义。

党的十七届六中全会通过的《中共中央关于深化文化体制改革、推动社会主义文化大发展大繁荣若干重大问题的决定》，特别把加强文化人才队伍职业道德建设和作风建设放在突出位置，这是完全必要和十分正确的。文化工作者要成为优秀文化的生产者和传播者，必须加强自身修养，自觉践行社会主义核心价值体系，努力追求德艺双馨，坚决抵制学术不端、情趣低俗等不良风气，做道德品行和人格操守的示范者。

2. 锐意创新是提高文化人才队伍素质的核心要求

在思想文化发展的历史长河中，理论的创立、艺术的进步，无一不是创新的结果；思想大家、艺术大师，无一不是勇于创造、勇于探索的典范。文化人才肩负着推动社会主义文化大发展大繁荣的历史重任，要倡导创新、促进创新、追求创新、实践创新，继承发扬中华民族优秀文化传统，借鉴人类创造的优秀文化成果，运用现代技术手段和传播方式，站在历史发展潮头，揽四方精华，纳八面来风，古为今用、洋为中用，博采众长、推陈出新，为发展社会主义先进文化增添活力。

在文化界形成“百花齐放、百家争鸣”的可喜局面，特别在挖掘民族特色文化、地方民俗文化、地域文化、民间文化，真正丰富文化的内涵，丰厚文化的底蕴方面，也需要我们文化人才队伍去创新、去创造。我们的文化人才队伍尤其需要富有创新意识，我们的文艺作品尤其需要能引导先进文化潮流。

十年树木，百年树人。建设宏大文化人才队伍，既是广大文化工作者服务人民、奉献社会的机遇，也是不断自我完善、自我超越的过程。创新需要人才，不仅要大规模、高数量，更要有高的质量。创新人才最应具备的，是新的思想观念。我国是文明古国，是文化资源大国，在加快建设社会主义文化强国的过程中，在坚持和发展中国特色社会主义的伟大实践中，必将涌现一支不负时代与历史期望的宏大的文化人才队伍。

创作生产更多无愧于历史、无愧于时代、无愧于人民的优秀作品，是文化繁荣发展的重要标志。多出精品力作，就要充分调动广大文化工作者的积极性、主动性、创造性，鼓励和支持文艺工作者贴近实际、贴近生活、贴近群众，到城乡基层去，到创业创新一线去，以充沛的激情、生动的笔触、优美的旋律、感人的形象，创作生产出更多体现民族精神和时代精神，反映人民意愿，广大人民群众喜闻乐见的优秀作品。

3. 人才队伍结构合理是适应文化事业发展的迫切需要

从目前文化人才队伍的实际看，结构和规模与推动社会主义文化大发展大繁荣，进一步兴起社会主义文化建设新高潮的要求还不相适应。比如，文化人才的年龄、知识、专业结构等还不尽合理，文化人才队伍建设急需加强。为此，在推进文化人才队伍建设上，要努力在优化结构上取得新突破、新进展。建设结构合理的文化人才队伍，就是要通过努力，使人才队伍的年龄结构、知识结构、专业结构得到明显改善，人才的分布、层次、类型等趋于合理，创新型、复合型、外向型、科技型人才比例逐步提高，人才发展与文化事业、文化产业布局相衔接、相协调。

结构合理不仅包括文化人才队伍的年龄结构，还包括文化人才队伍的知识结构和专业结构。建设宏大文化人才队伍，首先要重视造就高层次领军人物和高素质文化人才队伍。高层次领军人物和专业文化工作者，是社会主义文化建设的中坚力量。我们要造就一批人民喜爱、有国际影响的名家大师和民族文化代表人物。要让更多优秀中青年文化人才主持重大课题、领衔重点项目，涌现更多善于开拓文化新领域的拔尖创新人才，懂经营善管理的复合型人才，适应文化“走出去”需要的国际化人才。面对新形势、新要求，要进一步创新人才培养模式，实施高端紧缺文化人才培养计划，搭建文化人才终身学习平台。要多想办法，调动各种积极因素，鼓励优秀人才脱颖而出。

建设宏大文化人才队伍，必须加强基层文化人才队伍建设。街道、乡镇宣传文化干部、乡土文化能人、民族民间文化传承人和文化活动积极分子，都是基层文化工作队伍的成员。整个社会都应该形成尊重劳动、尊重知识、尊重人才、尊重创造的良好风气。要制定实施基层文化人才队伍建设规划，设立城乡社区公共文化服务岗位，千方百计壮大文化志愿者队伍，形成专兼结合的基层文化工作队伍。

4. 人才队伍规模宏大是建设社会主义文化强国的基本要求

我国的文化事业和文化产业在全面发展之后，对文化人才的需求量特别巨大。建设规模宏大的文化人才队伍，按照《全国宣传思想文化中长期人才发展规划(2010—2020 年)》的要求，就是到 2020 年，人才资源总量要从现在的 1 400万人增加到 2 200 万人，增长 58%左右。高层次哲学社会科学、新闻出版、文化艺术人才不断涌现，文化产业经营管理人才、公共文化服务人才、新媒体新业态人才等快速增加。

总之，要通过切实有效的措施，着力使文化人才队伍达到德才兼备、锐意创新、结构合理、规模宏大的要求，为推动社会主义文化大发展大繁荣提供人才保证和智力支撑。

党的十七届六中全会通过的《中共中央关于深化文化体制改革、推动社会主义文化大发展大繁荣若干重大问题的决定》，吹响了建设文化强国的进军号角，是今后一段历史时期指导我们文化大发展大繁荣的纲领性文献。我们要改革创新，开拓进取，为建设社会主义先进文化、为实现中华民族的伟大复兴而努力奋斗。

三、建设宏大文化人才队伍的重要举措

推动社会主义文化大发展大繁荣，队伍是基础，人才是关键。建设社会主义文化强国，必须深入实施人才强国战略，牢固树立人才是第一资源思想，全面贯彻党管人才原则，建设宏大文化人才队伍，为文化的发展繁荣提供有力人才支撑。

1. 要以培养造就高层次领军人物和高素质文化人才队伍为重点

高层次领军人物和专业文化工作者是社会主义文化建设的中坚力量，基层文化人才队伍是文化改革发展的基础力量。要针对各类人才的不同特点和成长规律，分类指导，用事业造就人才，用环境凝聚人才，用机制激励人才，用荣誉褒奖人才，用学习提升人才，用法制保障人才，努力造就一批有国际影响的文化名家、民族文化代表人物和各领域领军人物，培养一支规模宏大的，适

应时代要求、富有开拓精神、善于创新创造的基层文化人才队伍，最大限度地调动各层次广大文化工作者的积极性、主动性、创造性，自觉为社会主义文化建设贡献聪明才智。为配合文化体制改革深入推进的步伐，文化人才工作要以统筹推进各类文化人才队伍建设为纽带。其中，主要是要按计划抓好文化系统的党政人才、文化经营管理人才、文化艺术专业人才、公共文化服务人才、高技能文化人才、文化科技人才、文化外交人才等七支人才队伍建设，把各方面优秀人才集聚到文化事业和文化产业中来。

加强文化系统党政人才队伍建设，重点是以提高领导水平和执政能力为核心，培养造就一支政治坚定、勇于创新、勤政廉洁、求真务实、奋发有为，能够推动文化工作科学发展的高素质党政人才队伍；加强文化经营管理人才队伍建设，重点是以提高战略开拓能力和现代化经营管理水平为核心，培养造就一支精通文化工作、熟悉国际国内文化市场规则，具有先进管理理念和现代科学素养的复合型、外向型文化经营管理人才队伍；加强文化艺术专业技术人才队伍建设，目的是以提高专业水平和业务素质为核心，培养造就一支勇于改革、勇于创新、善于开拓的高素质创新型文化艺术专业技术人才队伍，重点是培养文化艺术领域的领军人才、拔尖人才，以及文化事业繁荣发展急需的重点领域专门人才；加强公共文化服务人才队伍建设，重点是以提高公共文化服务人才队伍的政治思想素质和新形势下做好公共文化服务工作的能力为核心，培养造就一支专兼职结合、素质全面的公共文化服务人才队伍；加强文化高技能人才队伍建设，重点是以提高职业素质和职业技能为核心，培养造就一支门类齐全、技艺精湛的文化高技能人才队伍；加强文化科技人才队伍建设，重点是以提高科技水平和创新能力为核心，以高层次创新人才为重点，培养造就一支掌握现代科技知识、具有研发能力、善于运用科技手段推动文化发展的文化科技人才队伍；加强文化外交人才队伍建设，重点是以提高思想政治素质和跨文化沟通能力为核心，培养造就一支数量充足、年龄结构合理、专业面广、语种丰富的复合型文化外交人才队伍。

文化名家工程是《国家中长期人才发展规划纲要(2010—2020 年)》提出的 12 项重大人才工程之一。由国家层面组织实施的、具有重大带动作用的人才工程，把文化名家工程列为重大工程之首。我国作为具有悠久历史的文明古国，作为一个泱泱文化大国，其标志是有对全世界有影响的人文精神和文化作品，有对全世界有影响的文化大师或代表性人物。大力培养、引进、使用和宣传杰出的文化人才，使他们创业有机会、干事有舞台、发展有空间，将会在全社会文化行业形成一种积极的导向，激发文化人才的积极性和创造热情。文化人才是实现我国文化创新的领军人物和骨干力量，是我国文化事业发展特别重要的战略资源，具有重要的导向和示范作用。

2.要以实施文化人才发展规划为准绳

为统筹推进文化人才队伍建设科学发展，文化部制定了《全国文化系统人才发展规划(2010—2020年)》，提出了文化人才发展的指导思想、基本原则、主要目标和具体措施，确定了当前和今后一个时期文化人才工作的主要任务，指导和推进文化人才工作，促进文化人才队伍科学发展。这也是文化系统第一个人才发展规划。《全国文化系统人才发展规划》的制定和实施，正是通过加强对文化人才发展的宏观指导，以人才的优先发展，促进文化事业繁荣和人的全面发展，为推动文化大发展大繁荣、兴起社会主义文化建设新高潮提供强有力的智力支持和人才保证。《全国文化系统人才发展规划》是根据《国家中长期人才发展规划纲要(2010—2020年)》编制的文化领域人才发展规划，是全国人才发展规划体系中的重要组成部分，是实施“人才兴文”战略、推动文化人才队伍建设的总体规划，是文化系统今后一个时期人才发展的统领性文件。《全国文化系统人才发展规划》提出了2010至2020年文化人才工作的总体目标，即：培养造就规模宏大、门类齐全、结构合理、梯次分明、素质优良的文化人才队伍，为推动我国由文化资源大国向文化发展强国迈进奠定坚实的人才基础。同时，《全国文化系统人才发展规划》按照导向性、创新性、示范性的原则，实施以文化名家工程为龙头的9项人才工程和计划，形成了一套衔接紧密、配套齐全、内容完整的工程项目体系，基本覆盖了文化人才发展的各个方面。其中，文化名家工程着眼于培养造就造诣高深、成就突出、影响广泛的文化领域杰出人才。到2020年，文化艺术领域由国家资助的文化名家将达到600名左右。此外，还将实施文化党政干部能力建设培训工程、基层文化人才培养工程、文化产业高层次经营管理人才培养工程、文化艺术专业人才知识更新工程、非物质文化遗产保护管理和专业人才培养工程、海外高层次文化艺术人才引进计划、西部地区文化人才支持计划、优秀青年文化艺术专业人才扶持计划。这9项重点工程和计划涵盖了文化党政人才、文化经营管理人才、文化艺术专业人才、基层文化人才等各类人才队伍，兼顾了文化人才资源在专业、产业、地域间的布局合理性，包括了人才培养、引进、使用等各个环节，注重人才梯队建设，强调人才结构协调发展。

建设一支宏大文化人才队伍，要全面统筹各类人才的发展。高层次领军人物和专业文化工作者是社会主义文化建设的中坚力量，基层文化人才队伍是文化改革发展的基础力量。加强文化人才队伍建设，必须统筹各层次文化人才协调发展，既要抓好高端领军人才，培养一批善于开拓新领域的拔尖创新人才、掌握现代传媒技术的专门人才、懂经营善管理的复合型人才、适应文化走出去需要的国际化人才，造就一批世界级的文化代言人，又要面向基层、重心下移，把加强基层文化队伍建设作为一项基础工程、战略工程抓紧抓好，积极引导优秀人才向基层一线流动，使文化人才队伍的中坚力量和基础力量相互协调、互为补充，以更多更好的文化产品不断满足人民群众日益增长的精神文化需求。

多出人才，就是要培养更多德艺双馨、为人民群众认可和欢迎、为广大文艺工作者敬重和学习的名家大师。多出人才，既要打造人才高峰，又要夯实人才基础。必须重视加强青年文化人才培养，让他们担当重任、茁壮成长；必须重视基层文化工作者队伍建设，吸引更多优秀人才服务基层，在基层生根开花。对文化人才的培养，要坚持多管齐下、多元发展。除国民学历教育之外，还应更多地调动社会积极性，从不同层面培养文化人才，满足社会需求。对文化人才的培养，要坚持兼容并蓄。对有一技之长的、从海外回国的人员，要用事业留人。为更好地满足文化产业和文化事业的需要，对一些已经在行业中取得学历教育资格的人才，应当开展终身教育和全民教育。在人才培养当中，还应对起到领军作用的骨干人才进行超常规和跨越式的培养。要让那些在企事业单位中起到领军作用的骨干人才得到超常规和跨越式的培养，使其对国际前沿动态，以及国内目前的文化事业和文化产业前沿了如指掌。

我们对文化人才的培养教育应当是一个循环往复、不断提升的过程，而不是一次教育定终身。文化产业的发展、新型业态的出现、文化艺术与科技的结合，给我们的教育又随时随地提出了新的问题。这就需要我们的文化人才是复合全面、兼容并蓄的，以适应更多业态发展和更快产业发展的需求。

3. 要以加强文化人才队伍职业道德建设和作风建设为基本抓手

文化人才要加强自身修养。才智是人的力量，品德是人的灵魂。文化人才作为文化产品的生产者和传播者，首先要成为社会主义核心价值体系的践行者、道德品行和人格操守的示范者。广大文化工作者要自觉肩负起传播先进文化的神圣职责，身体力行地贯彻“二为”方向，坚决抵制各类不良风气，增进与人民群众的感情，努力成为德艺双馨、深受人民群众喜爱的文化工作者，在风清气正、和谐奋进的良好氛围下，以科学的理论武装人，以正确的舆论引导人，以高尚的精神塑造人，以优秀的作品鼓舞人，推进社会主义核心价值体系深入人心。

要自觉践行社会主义核心价值体系，增强社会责任感。文化界的名家名人以自己的文化行为和贡献受到社会尊重。从某种意义上说，他们是时代的文化标志。作为公众人物，他们的言行举止受到社会关注，有广泛的影响力。因此，各类文化工作者特别是名家名人自觉践行社会主义核心价值体系、增强社会责任感就具有特别重要的意义；名家名人加强自身修养，做道德品行和人格操守的示范者，其带动作用也就更大。

要弘扬科学精神和职业道德。弘扬科学精神和职业道德，关键是要尊重和反映自然、社会、思维等的客观规律，要求真务实、勇于追求真理，不唯上，不唯书，只唯实。要坚持解放思想、实事求是、与时俱进，遵循文化创作生产规律，坚持为人民服务、为社会主义服务的方向，真实地展现现实生活和人民群众的喜怒哀乐。只有这样，文化创作生产也才能有正确的方向和丰富的内容。

文化工作者是人类灵魂的工程师，这既是赞誉，也是很高的要求。要做到这一点，就必须不断学习，加强修养。文化工作者要通过加强作风建设，增进文化工作者与实际、与基层、与人民群众的联系，促进文化创造和文化生产，不断创造出优秀产品，不断推进文化创新。

文化工作者个人的成长，离不开整个行业的活力和群体的创造。因此，形成良好行业风气至关重要。要认真贯彻“百花齐放、百家争鸣”的方针，尊重文化发展的规律，尊重文化的创造性活动，充分发扬艺术民主和学术民主。在文化生产创作上提倡不同形式和风格的自由发展，在学术理论上提倡不同观点和学派的充分讨论，在艺术发展上提倡不同形式和业态的积极创新，真正形成百花争艳、万紫千红的局面。

4. 要以充分发挥体制机制作用为关键

人才工作的活力取决于体制机制创新。体制机制建设是事关人才工作长远的根本性建设。人才的积极性和创造性的发挥取决于机制和环境。好的机制和环境就是吸引力和凝聚力，就是竞争力和生产力。建设宏大文化人才队伍，要建立和完善有利于文化人才健康成长的体制机制和良好氛围。只有营造出一个有利于文化人才健康成长和充分发挥才能的良好氛围，破除阻碍文化人才建功立业的一切体制性障碍，文化才能焕发出勃勃生机。这就要求我们必须营造良好环境，拓宽培养渠道，创造有利工作条件，制定科学的人才政策，用科学理论指导人才工作、用科学制度保障人才工作、用科学方法推进人才工作，构建优秀文化人才脱颖而出的良好环境，促进各类文化人才有序流动，使各类人才创业有机会、干事有舞台、发展有空间。

着眼于破除束缚人才发展的思想观念和制度障碍，围绕用好用活人才，在改进完善文化人才管理体制上，重点要完善党管人才的领导体制，健全各级文化人才工作领导机构，建立文化人才工作目标责任制和考核制度，在国家重大文化工程建设的整体规划和综合绩效评估中，将文化人才特别是高层次文化人才的培养作为重要内容和考评指标；在人才激励保障制度上，规范文化人才表彰奖励制度，实施特殊专业人才自主择业保障金计划，建立符合艺术专业人才特点的，在专业艺术表演团体从事特殊专业的人才退出机制；在完善人才管理工作方式上，要推进文化事业单位人事制度改革，建立权责清晰、分类科学、监管有力，符合文化事业单位特点的人事管理制度；在创新人才工作机制上，强调以用为本，不断健全人才培养开发、评价发现、选拔任用、激励保障等各项工作机制。

创新人才培养开发机制要建立以提高思想道德素质和创新能力为核心，完善全方位培训体系，构建人人能够成长、人人得到发展的人才培养开发机制；创新人才评价发现机制要建立以品德、能力和业绩为导向，科学的社会化的人才评价发现机制。完善人才评价标准，克服人才评价中重学历、资历，轻能力、业绩的倾向；创新人才选拔任用机制要坚持德才兼备、以德为先的用人标准，建立以公开、平等、竞争、择优为导向，有利于各类人才脱颖而出、充分施展才能的选人用人机制；创新人才激励保障机制要着眼于体现人才价值、激发人才活力，以鼓励创新为目的，建立健全与工作业绩紧密联系的激励保障机制。

精品的诞生、人才的成长，都需要好的环境和土壤。只有体制活、环境优，才能多出精品、多出人才。坚持多出精品和多出人才互动并进，重要的是营造有利于人才成长和精品创作的良好环境。要认真贯彻尊重劳动、尊重知识、尊重创造、尊重人才的方针，坚决破除一切不利于文化人才成长、流动和使用的思想观念和体制性障碍，鼓励艺术创作不同形式和风格竞相发展、艺术理论不同观点和学派充分讨论、文化发展不同形式和业态积极创新；要建立有利于优秀文化人才和作品脱颖而出的新机制，尤其对从事原创的作家、艺术家，要真情呵护、特殊关爱，使他们耐得住寂寞、抗得住诱惑、出得了精品；要像对待科技人才一样，舍得花代价、营造好环境，吸引、留住、用好文化人才。要通过体制机制创新，构建科学、开放、灵活、高效的人才发展体制机制，充分激发各类文化人才的创造活力和创新智慧，真正实现人岗相适、用当其时、人尽其才。

5. 要全面贯彻党管人才的原则，为人才工作提供根本保证

加快培养造就高素质文化人才队伍，必须全面贯彻党管人才的原则，为人才工作沿着正确方向前进提供根本保证。要充分发挥党的政治优势和领导核心作用，调动一切积极因素，尊重劳动、尊重知识、尊重人才、尊重创造，努力营

造良好宽松的文化人才发展环境，为各类文化人才提供施展才干的广阔天地。要加强文化领域领导班子和党组织建设，把文化领域各级领导班子建设成为坚强领导集体，把文化领域各级党组织建设成为坚强的战斗堡垒，文化战线全体共产党员要在推进文化改革发展中发挥先锋模范作用。

坚持党管人才原则，完善党委（党组）统一领导，组织人事部门牵头协调，有关部门各司其职、密切配合，社会力量广泛参与的文化人才工作格局，形成统分结合、上下联动、协调高效、整体推进的人才工作运行机制。完善政府宏观管理、市场有效配置、单位自主用人、人才自主择业的人才管理工作方式。特别是要发挥用人单位在人才培养、吸引和使用中的主体作用。推进文化事业单位人事制度改革，建立权责清晰、分类科学、机制灵活、监管有力，符合文化事业单位特点的人事管理制度，实现事业单位由固定用人向合同用人转变，由身份管理向岗位管理转变。

复兴大业，人才为本；文化繁荣，人才为先。建设社会主义文化强国的重要战略机遇期，也是文化人才发展和队伍建设的关键时期。身处这个催人奋进的伟大时代，立足这片孕育了无数英才的沃土，我们要在党的十七届六中全会精神指引下进一步增强责任感、使命感和紧迫感，积极应对日趋激烈的国际人才竞争，主动适应我国文化大发展大繁荣的需要，努力营造有利于优秀人才健康成长、脱颖而出的良好环境，让各类文化人才竞相涌现、创造活力充分发挥，形成以文化繁荣凝聚人才，以人才辈出繁荣文化的生动局面。

第十三章 加强和改进党对文化工作的领导

中国共产党是我国改革开放和社会主义现代化建设事业的领导核心。党的十七届六中全会通过的《中共中央关于深化文化体制改革、推动社会主义文化大发展大繁荣若干重大问题的决定》明确指出："加强和改进党对文化工作的领导，是推进文化改革发展的根本保证，也是加强党的执政能力建设和先进性建设的内在要求。必须从战略和全局出发，把握文化发展规律，健全领导体制机制，改进工作方式方法，增强领导文化建设本领。"这里不仅强调了加强和改进党对文化工作领导的重要性及紧迫性，而且从战略高度对如何加强党对文化工作的领导提出了明确的部署与要求。只有深入贯彻落实好这些部署要求，才能确保我们党从思想上政治上组织上加强对文化工作的领导，不断提高推进文化改革发展科学化水平。

一、充分认识加强和改进党对文化工作领导的重要性及紧迫性

加强和改进党对文化工作的领导，是历史赋予我们党的政治责任。充分认识加强和改进党对文化工作领导的必要性和重要性，这是自觉贯彻落实中央决策部署，不断提高推进文化改革发展科学化水平的前提和基础。

1. 加强和改进党对文化工作的领导是推进文化改革发展的根本保证

物质贫乏不是社会主义，精神空虚也不是社会主义。没有社会主义文化繁荣发展，就没有社会主义现代化。实践证明，只有加强和改进党对文化工作的领导，社会主义文化建设才能不断发展创新，才能充分发挥重要作用。落实党的十七届六中全会精神，切实推动社会主义文化大发展大繁荣，必须继续加强和改进党对文化工作的领导。

首先，加强和改进党对文化工作的领导是推进文化改革发展的政治保证。中国共产党是中国特色社会主义事业的领导核心，代表中国先进文化的前进方向。我们党历来重视运用文化引领前进方向、凝聚奋斗力量，团结带领全国各族人民不断以思想文化新觉醒、理论创造新成果、文化建设新成就推动党和人民事业向前发展。在革命、建设和改革各个历史时期，我们党都围绕当时的中心任务，明确文化工作的纲领目标，为文化建设指明正确的政治方向，文化

工作为我们党完成各项中心任务发挥了不可替代的重大作用。改革开放初期，我们党实现了文化领域的拨乱反正，全面贯彻为人民服务、为社会主义服务的方向和百花齐放、百家争鸣的方针。特别是党的十六大以来，我们党始终把文化建设放在党和国家全局工作重要战略地位，坚持物质文明和精神文明两手抓，实行依法治国和以德治国相结合，促进文化事业和文化产业共同发展，推动文化建设不断取得新成就，走出了中国特色社会主义文化发展道路，为坚持和发展中国特色社会主义提供了强大精神动力。

其次，加强和改进党对文化工作的领导是推进文化改革发展的思想保证。社会主义核心价值体系是兴国之魂，是社会主义先进文化的精髓，决定着中国特色社会主义发展方向。如果没有核心价值体系，一种文化就立不起来强不起来，一个民族就没有精神纽带，一个国家就没有统一意志和共同行动。对我们这样一个有着13亿人口的发展中大国来说，要把全体人民团结凝聚起来为推动科学发展、促进社会和谐而奋斗，首先要在思想上团结凝聚起来。社会主义先进文化是马克思主义政党思想精神上的旗帜，以马克思主义指导思想、中国特色社会主义共同理想、以爱国主义为核心的民族精神和以改革创新为核心的时代精神、社会主义荣辱观为基本内容的社会主义核心价值体系，鲜明回答了在社会思想日益多元多变的情况下，我们党用什么样的旗帜来团结和引领全国各族人民开拓前进。因此，只有加强和改进党对文化工作的领导，才能确立社会主义核心价值体系在文化建设中的主导地位，才能坚持用社会主义核心价值体系引领社会思潮，才能在全党全社会形成统一指导思想、共同理想信念、强大精神力量、基本道德规范。

最后，加强和改进党对文化工作的领导是推进文化改革发展的组织保证。文化的繁荣发展关系到实现全面建设小康社会奋斗目标，关系到坚持和发展中国特色社会主义，关系到实现中华民族伟大复兴。党的十七届六中全会强调各级党委和政府要把文化工作摆在全局工作重要位置，把文化建设纳入经济社会发展总体规划，把文化改革发展成效纳入科学发展考核评价体系，作为衡量领导班子和领导干部工作业绩的重要依据。这是对各级党委和政府切实担负起推进文化改革发展的政治责任的具体要求，有利于从战略和全局出发加强文化建设。党的十七届六中全会要求坚持德才兼备、以德为先的用人标准，把政治立场坚定、思想理论水平高、熟悉文化工作、善于驾驭意识形态领域复杂局面的干部充实到领导岗位上来，把文化领域各级领导班子建设成为坚强领导集体，既重视发挥文化事业单位、国有和国有控股文化企业党组织的领导核心和政治核心作用，又重视文化领域非公有制经济组织、新社会组织党的组织建设。这是对加强文化领域领导班子和党组织建设的要求，有利于选好配强领导班子，结合文化单位特点加强和创新基层党的工作。以上这些措施，都为推进文化工作改革发展提供了强有力的人才和组织保证。

2. 加强和改进党对文化工作的领导是加强党的执政能力建设和先进性建设的内在要求

党的十七届六中全会指出，在新的历史起点上深化文化体制改革、推动社会主义文化大发展大繁荣，关系到实现全面建设小康社会奋斗目标，关系到坚持和发展中国特色社会主义，关系到实现中华民族伟大复兴。这一论断充分阐明了建设社会主义先进文化与党领导人民执政兴国的内在联系。

首先，领导社会主义文化建设的能力是我们党执政能力的重要内容。在社会主义建设中，我们党历来把文化建设看成是社会主义建设的重要方面，把领导社会主义文化建设的能力看成是我们党执政能力的重要内容。新中国成立之初，毛泽东就提出，党在领导人民兴起经济建设新高潮的同时，要兴起一个文化建设的新高潮。进入社会主义改革开放和现代化建设新的历史时期，邓小平指出："我们要在建设高度物质文明的同时，提高全民族的科学文化水平，发展高尚的丰富多彩的文化生活，建设高度的社会主义精神文明。"他强调，党一方面要领导人民把经济建设搞上去，另一方面也要领导人民把精神文明建设搞上去，两个文明都搞好，才是有中国特色的社会主义。在党的第十五次全国代表大会上，我们党提出了经济建设、政治建设、文化建设三大纲领，明确把文化建设作为社会发展总体布局的一个基本方面。进入新世纪新阶段，以胡锦涛为总书记的党中央，对文化建设与中国特色社会主义建设、党领导文化建设的能力与党执政能力的关系的认识进一步深化。党的十六届四中全会通过的《中共中央关于加强党的执政能力建设的决定》明确指出，加强党的执政能力建设的总体目标，归根结底就是通过全党共同努力，使党成为始终做到"三个代表"、永远保持先进性、经得住各种风浪考验的马克思主义执政党，带领全国各族人民实现国家富强、民族振兴、社会和谐、人民幸福。这一宏伟目标既包括物质的极大发展和丰富，也包括文化的极大发展和丰富。这个过程既是不断满足人民群众物质生活需要的过程，也是不断满足人民群众精神文化需要的过程。2011 年 11 月 22 日，在《中国文联第九次全国代表大会中国作协第七次全国代表大会上的讲话》中，胡锦涛十分明确地指出："各级党委和政府要充分认识新形势下文艺的重要地位和作用，把加强和改善党对文艺工作的领导作为党的执政能力建设的重要内容，深入研究事关文艺工作的重大问题，不断提高领导文艺工作的能力和水平。"

其次，加强和改进党对文化工作的领导是我们党执政能力建设的重要任务。坚持什么样的文化方向，推动建设什么样的文化，是一个政党在思想上精神上的一面旗帜。始终高扬社会主义先进文化这面旗帜，把亿万人民凝聚在这面旗帜下，是党的执政能力强大的一个重要标志，也是我们党执政能力建设的重要任务。新中国成立以来，我们党高举中国先进文化的旗帜，努力建设社会主义先进文化，涤荡旧社会遗留下来的和国外渗透进来的腐朽没落的旧文化，从思想上精神上极大地解放和激励了广大干部群众，在全党和全国人民中形成了团结奋斗的共同思想基础。特别是进入新世纪新阶段，围绕实现全面建设小康社会宏伟目标和构建社会主义和谐社会的客观需要，以胡锦涛为总书记的党中央对党的执政能力建设提出了新要求、新任务，指出："当前和今后一个时期，加强党的执政能力建设的主要任务是：按照推动社会主义物质文明、政治文明、精神文明协调发展的要求，不断提高驾驭社会主义市场经济的能力、发展社会主义民主政治的能力、建设社会主义先进文化的能力、构建社会主义和谐社会的能力、应对国际局势和处理国际事务的能力。"这就明确把坚持马克思主义在意识形态领域的指导地位，不断提高党领导社会主义先进文化建设的能力，作为加强党的执政能力建设的一个重要任务。

加强和改进党对文化工作的领导，还是加强党的执政能力建设的重要途径。我们党的领导主要是政治、思想和组织的领导，对思想文化的领导水平在很大程度上决定着党的领导水平。党的十七届六中全会通过的《中共中央关于深化文化体制改革、推动社会主义文化大发展大繁荣若干重大问题的决定》明确指出，我国文化领域正在发生广泛而深刻的变革，推动文化大发展大繁荣既具备许多有利条件，也面临一系列新情况新问题。我国文化发展同经济社会发展和人民日益增长的精神文化需求还不完全适应，突出矛盾和问题主要是：一些地方和单位对文化建设重要性、必要性、紧迫性认识不够，文化在推动全民族文明素质提高中的作用亟待加强；一些领域道德失范、诚信缺失，一些社会成员人生观、价值观扭曲，用社会主义核心价值体系引领社会思潮更为紧迫，巩固全党全国各族人民团结奋斗的共同思想道德基础任务繁重；舆论引导能力需要提高，网络建设和管理亟待加强和改进；有影响的精品力作还不够多，文化产品创作生产引导力度需要加大；公共文化服务体系不健全，城乡、区域文化发展不平衡；文化产业规模不大、结构不合理，束缚文化生产力发展的体制机制问题尚未根本解决；文化走出去较为薄弱，中华文化国际影响力需要进一步增强；文化人才队伍建设急需加强。推进文化改革发展，必须抓紧解决这些矛盾和问题。而这些问题和矛盾的解决，必将大大提高党领导社会主义文化建设的能力,也必将大大提高党的执政能力。

二、各级党委和政府要以高度的政治自觉担负起推进文化改革发展的政治责任

党的十七届六中全会明确要求,各级党委和政府要把文化建设摆在全局工作重要位置,切实担负起推进文化改革发展的政治责任。

1. 自觉贯彻中央精神,确保各项决策部署落到实处

党的十七届六中全会对文化建设的认识和部署,充分体现了我们党高度的文化自觉和历史责任感,充分反映了我们党对当今时代发展趋势和我国文化发展方位、发展需求的科学把握。推动贯彻落实好党的十七届六中全会精神,推动中华文化伴随着中华民族伟大复兴实现空前的兴盛繁荣,是当前和今后各级党委和政府的重要政治责任。各级党委和领导干部应认真学习党的十七届六中全会通过的《中共中央关于深化文化体制改革、推动社会主义文化大发展大繁荣若干重大问题的决定》,充分认识贯彻落实全会精神、推进文化改革发展的重要性和紧迫性,进一步明确文化改革发展的指导思想、目标任务,更加自觉、更加主动、更加负责地推动文化大发展大繁荣。做到抓住机遇、乘势而上,把文化建设真正放在心上、扛在肩上、落实在行动上。要真正把文化建设摆上重要议事日程,定期分析文化改革发展形势,认真研究文化建设面临的新情况新问题,及时研究文化改革发展重大问题,着力破解制约文化发展的深层次矛盾和问题。要结合实际制定贯彻落实意见,对推进社会主义核心价值体系建设、推动文化繁荣发展、发展公益性文化事业、加快发展文化产业、进一步深化文化体制改革等任务紧盯不放,加紧推进,抓好落实。

2. 坚持社会主义先进文化前进方向,牢牢把握意识形态工作主导权,掌握文化改革发展领导权

文化建设的首要问题,是坚持社会主义先进文化的前进方向。引导全党全社会坚持马克思主义指导地位,用中国特色社会主义理论体系武装头脑、指导实践、推动工作;坚持发展面向现代化、面向世界、面向未来的,民族的科学的大众的社会主义文化;坚持“二为”方向和“双百”方针,在全社会形成积极向上的精神追求;坚持以人为本,提高全民族文明素质;增强国家软实力,建设社会主义文化强国,是各级党委推进文化改革发展政治责任的重要内容。

各级党委和领导干部要提高对意识形态和宣传文化工作的调查分析能力和引领能力,深入研究意识形态和宣传文化工作新情况新特点,透彻分析其发展要求与趋势,准确洞察其矛盾和问题,加强和改进思想政治工作,提高宣传

思想工作的吸引力和感染力，提高舆论引导水平，有效解答、关注、回应群众关切，不断巩固马克思主义在意识形态领域的指导地位，确保文化改革发展沿着正确道路前进。

3. 坚持中国特色社会主义事业总体布局，促进经济建设、政治建设、文化建设、社会建设协调发展

文化建设作为中国特色社会主义事业总体布局的重要组成部分，既是经济建设、政治建设、社会建设的反映，又能为经济建设、政治建设、社会建设提供有力的思想保证、精神动力、舆论支持和文化条件，而且还是新的经济增长点。经济建设、政治建设、文化建设、社会建设，紧密联系，相互影响，相互促进，缺一不可，统一于中国特色社会主义事业总体布局，互动于改革开放和社会主义现代化的历史进程。深入推进文化体制改革，发展文化事业和文化产业，充分发挥文化引领风尚、教育人民、服务社会、推动发展的作用，推动文化建设和经济建设、政治建设、社会建设协调发展，是坚持中国特色社会主义事业总体布局，实现科学发展的必然要求，是各级党委推进文化改革发展政治责任的又一重要内容。

各级党委和政府要充分认识文化建设在全面建设小康社会、加快推动中国特色社会主义现代化中的重要地位和作用，真正把文化建设纳入经济社会发展总体规划，把发展社会主义先进文化作为促进经济发展，推动社会和谐进步的重要战略，与经济社会发展一同研究部署、一同组织实施、一同督促检查。要把文化改革发展成效纳入科学发展考核评价体系，将文化建设指标列入其中，作为衡量领导班子和领导干部工作业绩的重要依据。

4. 全党深入开展社会主义核心价值体系学习教育，带头实践社会主义核心价值体系

社会主义核心价值体系是社会主义意识形态的本质体现，决定着中国特色社会主义发展方向。要把社会主义核心价值体系融入国民教育、精神文明建设和党的建设全过程，贯穿改革开放和社会主义现代化建设各领域，体现到精神文化产品创作、生产、传播各方面，在全党深入开展社会主义核心价值体系学习教育，使广大党员、干部带头实践社会主义核心价值体系，这也是各级党委推进文化改革发展政治责任的重要内容。

为此，中央有关部门要制定社会主义核心价值体系建设实施纲要，推动全党全社会形成统一指导思想、共同理想信念、强大精神力量、基本道德规范。各级党委要采取多种措施，促使广大党员、干部成为实践社会主义核心价值体系的模范。各级领导干部在社会主义核心价值体系学习教育中，应该学深学

精，思行合一，率先垂范。要把社会主义核心价值体系教育纳入干部教育培训内容，充分发挥利用好党校、行政学院、干部学院的干部教育主阵地主渠道作用，推动社会主义核心价值体系进教材、进课堂、进头脑。

5. 深入做好文化领域知识分子工作

随着改革开放的深入和经济文化的发展，我国工人阶级队伍不断壮大，素质不断提高。包括知识分子在内的工人阶级，始终是推动我国先进生产力发展和社会全面进步的根本力量。实践证明，知识分子在先进文化建设过程中起着重要作用。中国共产党历来非常重视发挥知识分子的作用，把知识分子视为党和国家的宝贵财富。历史实践反复证明：什么时候我们尊重劳动、尊重知识、尊重人才、尊重创造，注重发挥知识分子的聪明才智，什么时候我们的事业就前进，就发展。反之，就遭受挫折。党和政府能否担当起推进文化改革发展的政治责任，很重要的是能否尊重、团结知识分子。

首先，要从思想上关心知识分子。当前，我国的改革开放正向纵向发展，社会主义现代化建设正处于关键阶段。在国际环境错综复杂、社会环境深刻变化、利益格局深刻调整的背景下，一方面一些与群众切身利益相关的民生问题比较突出，容易造成人们情绪上的波动和思想上的困惑，化解的难度进一步加大，另一方面，社会思想多元多变多样趋势更加明显，各种社会思想日趋活跃，引领社会思潮、凝聚社会共识的难度也越来越大。这些思想领域的新情况新特点要求我们必须从思想上关心知识分子，做深入细致的思想工作，引导广大知识分子在重大思想理论问题上划清是非界限，澄清模糊认识。

其次，要从工作上支持知识分子。知识分子是文化领域最活跃最有创造性的力量，在精神文化生产、创造、传播中具有重要作用。党的十六大明确提出，要尊重和保护一切有益于人民和社会的劳动。在文化领域，要充分尊重知识分子的创造性劳动，坚持破除各种障碍，使一切有利于社会进步的创造愿望得到尊重、创造活力得到支持、创造才能得到发挥、创造成果得到肯定，把知识分子的积极性和创造性引导好、保护好、发挥好。

最后，要从生活上帮助知识分子。我们党历来高度重视和积极改善知识分子的生活和工作条件。改革开放初期，邓小平同志就自告奋勇提出“做知识分子的后勤部长”。江泽民同志要求各级党委和政府继续尽心尽力地改善知识分子的工作和生活条件。新形势下，胡锦涛同志强调要拓宽同知识界联系沟通的渠道，要善于同知识分子特别是有影响的代表人士交朋友。在新形势下，我们要继续发扬这一优良传统，真正把广大知识分子紧密团结在党的周围。

三、加强文化领域领导班子和党组织建设

1. 选好配强文化领域各级领导班子

选好配强文化领域各级领导班子，这是深化文化体制改革、推动社会主义文化大发展大繁荣的组织保证和必然要求。

坚持德才兼备、以德为先，严格选人用人标准。党的十七届六中全会指出，要坚持德才兼备、以德为先的用人标准，把政治立场坚定、思想理论水平高、熟悉文化工作、善于驾驭意识形态领域复杂局面的干部充实到领导岗位上来。这一要求，体现了我们党选人用人的一贯方针，抓住了文化领域领导班子建设的特点，进一步明确了选配文化领域领导班子的标准和条件，具有很强的指导性、针对性。文化具有鲜明的意识形态属性，选拔文化领域领导干部必须把政治品质放在首位，注重选拔理想信念坚定，贯彻执行党的路线方针政策坚决，在大是大非问题上旗帜鲜明、头脑清醒的领导干部，确保文化领域工作的领导权牢牢掌握在忠于马克思主义、忠于党和人民的人手里。文化领域是知识分子密集、思想活跃的地方，许多单位还直接承担着思想理论建设重任，要取得文化工作主导权，就必须更加重视领导干部的思想理论水平。文化工作专业性强、涵盖面广，特别是随着文化事业和文化产业的迅猛发展，涉及领域越来越广泛，对领导干部的专业知识、业务水平提出了很高要求，所以要把熟悉文化工作作为选拔文化领域领导干部的重要条件。文化领域是各种社会思潮的交织地，在当今世界各种思想文化交流交融交锋更加频繁的大背景下，文化领域面临着社会思想更加多元、复杂的局面，这就要求我们重视选拔善于驾驭意识形态领域复杂局面、能够妥善处理文化领域重大问题和突发敏感事件的干部，为深化文化体制改革、推动社会主义文化大发展大繁荣提供干部保证。

深化文化领域干部人事制度改革，拓宽选人用人视野。随着经济全球化深入发展和科学技术日新月异，文化与经济、科技的结合更加紧密，文化创新空前活跃。同时，随着对外交往的不断扩大，我国同世界各国的文化交流合作日益深化。适应当今时代文化发展新趋势，大力推进社会主义文化建设，迫切需要培养造就一大批文化领域的创新型、复合型、科技型、外向型领导人才。我们必须按照党的十七届六中全会精神和胡锦涛总书记“七一”重要讲话要求，进一步深化文化领域干部人事制度改革，坚持五湖四海、任人唯贤，以更宽的视野、更高的境界、更大的气魄广开进贤之路，打破系统、行业界限，把那些熟悉基层情况、具有专业知识、经过多岗位锻炼、眼界宽思路宽胸襟宽的各方

面优秀人才选拔进文化领域领导班子。

2. 加强文化领域领导班子思想政治建设

加强思想政治建设，是提高文化领域领导班子和领导干部素质能力的重要途径。思想政治建设是管根本、管方向、管长远的建设，是领导班子建设的首要任务。要加强文化领域领导班子思想政治建设，增强政治敏锐性和政治鉴别力，筑牢思想防线，确保文化阵地导向正确。文化战线担负着巩固马克思主义在意识形态领域的指导地位、宣传党的路线方针政策、推进社会主义核心价值体系建设的重大责任。加强文化领域领导班子思想政治建设，更具有极端重要性。要着眼文化战线肩负的职责使命，立足文化领域领导班子的实际，采取有力措施，提高文化领域领导班子思想政治建设的针对性、实效性。

3. 加强文化领域基层党组织建设

党的基层组织是党全部工作和战斗力的基础。深化文化体制改革、推动社会主义文化大发展大繁荣，必须充分发挥基层党组织的战斗堡垒作用和党员的先锋模范作用。

发挥文化领域党组织的领导核心和政治核心作用。加强文化领域党建工作，建好党组织是基础，发挥党组织作用是目的。文化单位包括事业单位、国有及国有控股企业、非公有制企业和新社会组织等不同类型。要根据不同类型文化单位的特点，相应明确党组织的功能定位，有的要发挥领导核心作用，有的要发挥政治核心作用。发挥领导核心作用的党组织，统一领导单位的各项工作，讨论决定单位的重大问题，负责领导班子、干部队伍和人才队伍建设，同时保证行政领导人充分行使职权。发挥政治核心作用的党组织，参与单位的重大决策，主导选人用人工作，履行保证监督职能。无论是发挥领导核心还是政治核心作用的党组织，都要宣传和执行党的路线方针政策，切实加强党组织的自身建设，领导好思想政治工作、精神文明建设和工会、共青团等群众组织，团结凝聚职工群众，维护各方合法权益，促进单位健康发展。文化单位的情况千差万别，要结合文化单位特点加强和创新基层党的工作，注意从各单位实际出发，积极探索发挥党组织领导核心和政治核心作用的有效途径，改进党组织的工作方式和活动方式，创新党建工作的方法和手段，努力使党组织作用得到充分发挥、党的工作更富实际成效。

加强文化领域基层党组织建设，是地方各级党委和行业主管部门党组（党委）的共同责任。要强化党委（党组）管党建、书记抓党建的责任，完善文化单位基层党建工作领导体制，推动形成党委统一领导、组织部门牵头协调、文化系统具体指导、有关方面齐抓共管，一级抓一级、层层抓落实的文化领域基层党建工作格局。有关部门要加强分类指导、统筹协调、监督检查，加强文化单位基层党务工作者队伍建设，协调落实基层组织建设工作经费，强化对抓基层党建工作的实绩考核和结果运用，保证文化领域领导班子和基层党组织建设各项任务落到实处。

四、努力健全共同推进文化建设工作机制

党的十七届六中全会强调指出："推动社会主义文化大发展大繁荣是全党全社会的共同责任。要建立健全党委统一领导、党政齐抓共管、宣传部门组织协调、有关部门分工负责、社会力量积极参与的工作体制和工作格局，形成文化建设强大合力。"这是从制度层面加强和改进党对文化工作的领导，提高推进文化改革发展科学化水平的重要举措。

文化建设关系全局，是中国特色社会主义事业总体布局的重要组成部分，推动文化繁荣发展必须健全共同推进文化建设工作机制。文化既是推动社会发展的重要手段，又是社会文明进步的重要标志；既是凝聚人心的精神纽带，又直接关系人民的幸福安康；既直接推动经济直接增长，又对提升经济发展质量发挥着重要作用。我们党作为中国最广大人民利益的忠实代表，不仅有责任实现和发展好人民的经济权益、政治权益，也有责任保障好人民的文化权益，提高社会的文化生活质量，让人民群众在文化的沐浴中生活得更加幸福。只有进一步完善共同推进文化建设的工作机制，才能推动全党全社会在坚持以经济建设为中心的同时，自觉坚持把文化发展繁荣作为党执政兴国的第一要务的重要内容，作为深入贯彻落实科学发展观的一个基本要求，进一步推动文化建设与经济建设、政治建设、社会建设以及生态文明建设协调可持续发展。

文化建设涉及面广，是一个宏大的系统工程，推动文化繁荣发展必须健全共同推进文化建设工作体制。在中国特色社会主义建设事业整体布局中，文化建设内容十分广泛，包括思想道德、文学艺术、新闻出版、广播影视等许多领域。这些领域是由不同的部门分工负责的。只有这些部门相互协调、相互配合，才能形成齐抓共管的良好局面，才能形成文化建设的合力。近年来，随着科技进步和知识经济的快速发展，文化越来越有力地融入经济社会发展的各个方面和各个过程，文化产业链进一步延伸，跨领域、跨行业的文化工作越来越多，单靠某一部门难以取得应有的效果。因此，必须建立健全党委统一领导、党政齐抓共管、宣传部门组织协调、有关部门分工负责、社会力量积极参与的工作体制和工作格局。充分凝聚各方力量，整合资源、明确分工、密切配合、

共同推进,形成文化建设强大合力。文化领域各部门各单位要自觉贯彻中央决策部署,落实文化改革发展目标任务,发挥文化建设主力军作用。支持人大、政协履行职能,调动各部门积极性,支持民主党派、无党派人士和人民团体发挥作用,共同推进文化改革发展。推动文联、作协、记协等文化领域人民团体创新管理体制、组织形式、活动方式,履行好联络协调服务职能,加强行业自律,依法维护文化工作者权益。全面贯彻党的宗教工作基本方针,发挥宗教界人士和信教群众在促进文化繁荣发展中的积极作用。

五、改进领导作风和工作方式方法,发挥人民群众文化创造积极性

党的十七届六中全会通过的《中共中央关于深化文化体制改革、推动社会主义文化大发展大繁荣若干重大问题的决定》明确指出:"人民是推动社会主义文化大发展大繁荣最深厚的力量源泉。"并提出要"发挥人民群众文化创造积极性"。这一重要思想,体现了马克思主义的群众观点,深刻阐明了人民在文化建设中的重要地位作用,揭示了社会主义先进文化的本质特征,反映了科学发展观的要求,把我们对发挥人民群众文化创造积极性的认识提到了新的高度,具有很强的理论和实践指导作用。

1. 广泛开展群众性文化活动

群众性文化活动是群众自我表现、自我教育、自我服务的重要形式,是文化创新发展的丰厚沃土。近些年,蓬勃开展的唱红歌、读经典、红色旅游等活动表明,凡是群众性文化活动开展活跃的地方,文化建设就充满生机、富有成效,文化对经济社会发展的促进作用就更加明显。开展群众性文化活动,重点应抓好四个方面:一是大力提高社区文化建设水平。在我国城市化进程不断加快的情况下,社区文化在基层社会管理和服务中的作用越来越大。要认真贯彻中央关于城市社区建设和基层文化建设的决策部署,注重学习和借鉴世界各国社区文化建设的有益经验,完善市、区、街道和社区各级公共文化设施,推进社区文化中心建设,建立社区文化资源共建共享机制,推动科教、文体、法律、卫生"四进社区",引导企业、社区积极开展面向农民工的公益性文化活动,以社区文化的发展辐射和促进整个城市的精神文明建设。二是大力提高村镇文化建设水平。随着社会主义新农村建设的深入推进,农民物质生活条件明显改善,文化程度普遍提高,求知求美的愿望更加强烈。要推动文化资源向村镇倾斜,加强乡镇综合文化站、村文化室建设,深入实施广播电视村村通、文化信息资源共享、农村电影放映、农家书屋等文化惠民工程,积极发展农村特色文化,广泛开展文明村镇、文明集市、文明户、志愿服务等群众性精神文明创建

活动,搞好文化科技卫生“三下乡”,满足广大农民群众多层次、多方面精神文化需求。三是大力提高企业文化建设水平。企业文化在企业发展中有着灵魂和支柱的作用,企业兴旺关键在管理,管理优劣关键在文化。美国兰德公司研究表明,世界500强之所以强,一个重要原因是以文化力制胜。要重视培育企业的核心价值观,加强以诚信经营、文明经商为主要内容的企业道德文化建设,适应企业并购重组需要推进文化融合,提高企业履行社会责任的自觉性,更好地增强企业的凝聚力竞争力。四是大力提高校园文化建设水平。校园文化是学校教育的重要组成部分,是全面育人不可缺少的重要环节。要坚持以实施科学文化素质教育为基础,以建设优良的校风、教风、学风为核心,以优化校园文化环境为重点,以树立正确的世界观人生观价值观为导向,努力建设体现社会主义特点、时代特征和学校特色的校园文化,为培养社会主义合格建设者和可靠接班人提供强大精神动力。

2.积极搭建公益性文化活动平台

水无渠不流,戏无台难唱。文化活动有了群众乐于参与、便于参与的平台作支撑,才能开展得更广泛、更深入人心。一是举办好重大节庆文化活动。围绕重大节日开展庆祝活动,一直是群众性文化活动的重头戏。要深入挖掘春节、清明节、端午节、中秋节等中华民族传统节日的文化内涵,改造和发展传统节庆的内容、风俗、礼仪,维护民族文化的基本元素,增强中华民族的凝聚力。要重视利用国庆节、“五一”国际劳动节和“七一”建党、“八一”建军等重要节日、纪念日,广泛开展热爱党、热爱祖国、热爱人民、热爱社会主义的主题宣传教育活动。要积极搞好各地创造的艺术节、旅游节、科技节、农产品节等,使节庆文化更加丰富多彩。二是传承好民族民间文化资源。我国是历史悠久的文明古国,56个民族在长期的历史发展进程中,创造了包括神话、史诗、音乐、舞蹈、戏曲、曲艺、皮影、剪纸、绘画、雕刻、刺绣等源远流长、博大精深的民族民间文化。这是中华民族世代相传的精神财富,是发展社会主义先进文化的深厚基础。要广泛开展优秀传统文化教育普及活动,加强对优秀传统文化思想价值的挖掘和开发,加大文物和非物质文化遗产保护力度,搞好文化典籍编纂出版,坚持古为今用、推陈出新,坚持保护利用、普及弘扬并重,让优秀民族民间文化在当代焕发出新的光彩。三是建设好网络文化阵地。随着互联网快速发展和广泛普及,网络已成为人们精神生活的新空间。据中国互联网信息中心统计,截至2011年6月底,我国网民人数已有4.85亿,手机上网人数有3.18亿,微博用户数量有1.95亿。博客、社交网站等大量涌现,网络文学、网络游戏、网络视听、网络出版等快速发展,网络文化对人们的影响力越来越大。要认真贯彻积极利用、科学发展、依法管理、确保安全的方针，把网络的建设、利用和管理有机结合起来，加快发展互联网等新兴媒体，鼓励网民创作格调健康的网络文化作品，加强网络传播管理，净化网络文化环境，努力把互联网打造成传播先进文化新平台。同时，还要加强文化馆、博物馆、图书馆、美术馆、科技馆、纪念馆、工人文化宫、青少年宫等公共文化服务设施和爱国主义教育示范基地建设并完善向社会免费开放服务，注重开发运用公园、广场等各类公共场所，为群众提供更广阔的文化活动空间。

3. *支持群众依法兴办文化团体*

群众文化团体是发挥人民群众文化创造积极性、推动文化繁荣发展的重要依靠力量。他们来自于民间、成长于民间、服务于民间，离群众最近，对群众生活最熟悉，其作用是专业文化团体所无法替代的。群众文化团体兴办得越多、活动开展得越好，就越能集聚人民文化创造的智慧和力量。一是积极推动民间文化团体的发展。群众因共同爱好组成的歌咏队、舞蹈队、戏剧社、书画社等民间文化团体是群众参与基层文化建设的重要形式，对繁荣基层文化、丰富人民群众精神文化生活，具有重要作用。要以多种形式扶持基层文化能人、民族民间文化传承人、专业文化工作者等组建文化团体，创造性地发掘利用民族传统和地域特色文化资源，鼓励参加政府主办的各类重大文化活动，充分发挥民间文化团体的积极作用。二是精心培育植根群众、服务群众的文化载体和文化样式。近年来，手机报刊、动漫游戏、数字出版、网络电视等发展很快，一些地方还运用传统戏曲、曲艺创作小戏小品，丰富了文化载体和文化样式，受到了人民群众的喜爱。要敏锐地感受时代脉搏，把握群众精神需求，对人民群众在实践中创造的文化载体和文化样式，及时发现，大力扶持，正确引导，使其不断发展完善；对那些有深厚群众基础、富有地方特色的文化形式，在继承的基础上不断改进创新，使其充满时代气息和活力。三是依法规范群众文化团体活动。群众文化团体活跃在民间，对群众的思想情感有直接影响，是思想文化领域的重要阵地。要引导群众文化团体严格依照法律法规办事，搞好相关政策法规的宣传教育，加强登记备案、内容审查和日常监管，及时纠正违法违规行为，确保群众文化团体规范运行、有序发展。

第十四章　大力发展先进军事文化

党的十七届六中全会以文化改革发展为主题，描绘了社会主义文化大发展大繁荣的宏伟蓝图，提出了建设社会主义文化强国的战略任务。军队的文化建设是社会主义文化建设的一个重要组成部分，军队文化建设历来走在全社会前列。我军是先进思想文化的自觉追求者、模范践行者和积极推动者，历来注重把我们党关于建设先进文化的要求贯彻到军事文化建设的实践之中。对军队来说，就要切实把思想认识统一到胡锦涛主席重要讲话和党的十七届六中全会通过的《中共中央关于深化文化体制改革、推动社会主义文化大发展大繁荣若干重大问题的决定》以及中央军委《关于大力发展先进军事文化的意见》上来，以更高标准和更有力举措大力发展先进军事文化，为促进部队建设科学发展、有效履行历史使命提供坚强思想保证、强大精神动力、有力舆论支持和良好文化条件。

一、深刻认识发展先进军事文化的重要性和紧迫性

我军历来重视文化建设，创造了特色鲜明的先进军事文化。无论是革命战争年代还是和平建设时期，人民军队都是先进文化的重要创造者、积极传播者和有力推动者。在80多年的奋斗历程中，我军所孕育的伟大精神、所创作的红色经典、所培育的先进典型，不仅是我军凝聚力战斗力的重要保证，而且成为全党全社会的宝贵精神财富。在当前我国历史变革的新时期，更加需要创新发展先进军事文化，充分发挥先进军事文化的独特优势，在推动社会主义文化大发展大繁荣中当好“生力军”，努力走在全社会前列。

1. 先进军事文化的内涵及发展历程

军事文化是指由一定社会的政治经济决定并反映特定的军队、军人和军事活动的意识形态以及由这一意识形态物化成的环境、器物、制度和行为的总称。先进军事文化是先进社会文化的重要组成部分，是社会发展进步的重要标志。中国先进军事文化是在继承中国军事文化优良传统、借鉴国外优秀军事文化成果的基础上，对人民军队文化建设成果的科学概括和总结，是形成和提高战斗力的重要源泉，是发展社会主义先进文化的重要组成部分。中国先

进军事文化包含军事思想文化、军事道德文化、军事制度文化、军事科学文化、军事谋略文化、军事行为文化等丰富内容，具有鲜明的民族特色、实践特色和军队特色。

先进军事文化，是以马克思主义为指导、以社会主义先进文化为引领，体现人民军队根本性质和宗旨的文化形态，蕴涵着党领导人民军队在革命、建设和改革实践中创造的宝贵精神财富，为我军发展壮大、克敌制胜提供了强大思想保证和重要力量源泉。我军在80多年革命、建设和改革实践中，始终高举党的旗帜，高举人民的旗帜，牢记使命，英勇奋斗，创造了辉煌的英雄业绩，锻造了崇高的价值追求，凝炼了优秀的精神品质，积淀了优良的传统和作风，形成了特色鲜明的先进军事文化，孕育了井冈山精神、长征精神、延安精神、“两弹一星”精神、载人航天精神等，创作了许多军旅红色经典，涌现了张思德、雷锋、华益慰、方永刚等一大批先进典型。在我军建设发展的历程中，先进军事文化建设对于永葆人民军队的政治本色，对于激发官兵战斗精神、巩固和提高部队战斗力，对于提高官兵素质、促进官兵全面发展，对于弘扬主旋律、推动社会主义精神文明建设，发挥了不可替代的重大作用。

2. 发展先进军事文化的重要性

我们党历来十分重视军事文化的创新与发展。毛泽东深刻地指出：“没有文化的军队是愚蠢的军队，而愚蠢的军队是不能战胜敌人的”。强调“军队是一所大学校”。邓小平反复强调要全面提高官兵的军事、政治和科学文化素质，努力掌握应对现代战争的知识本领。江泽民要求，在用思想理论武装头脑的同时，还要用现代科技特别是高科技知识武装头脑。胡锦涛明确提出要创新发展先进军事文化，充分发挥文化启迪思想、陶冶情操、传授知识、鼓舞人心的积极作用。

随着时代的发展和进步，先进军事文化在经济社会发展特别是现代军事实践活动中发挥着越来越重要的作用，创新发展先进军事文化具有重要的理论和现实意义。首先，创新发展先进军事文化是建设中国特色社会主义文化的内在要求。推动社会主义文化大发展大繁荣，是一项艰巨而复杂的任务，需要聚集各方面力量，调动各方面积极因素。军事文化作为我国文化的组成部分，要走在全社会的前列，为社会主义文化大发展大繁荣提供重要支撑。其次，创新发展先进军事文化是建设信息化军队、打赢信息化战争的迫切需要。纵观当今世界，文化与政治、经济、军事等相互交织的趋势越来越明显，文化在军事力量的建设和运用中的作用越来越突出。即使武器装备先进的美国军队，近年来也十分重视利用文化的力量为战争和军事建设服务。伊拉克战争以后,美国军队提出了"文化中心战"的新理念,其《国防部转型计划指南》确定的三大转型战略的第一条就是实行"军事文化转型"。在未来信息化战争中,我国军队的武器装备与军事强国相比仍存在着较大的差距,只有创新发展先进军事文化,构建革命军人核心价值观,弘扬敢打必胜的英雄主义气概,才能立足现有装备战胜优势敌人,永远立于不败之地。第三,创新发展先进军事文化是培养高素质新型军事人才的重要保证。当今军事领域的竞争,说到底是人才的竞争。目前我国军队人才队伍科学文化素质与有效履行新世纪新阶段我军的历史使命的要求之间的矛盾仍比较突出,已成为新时期军事斗争准备的"瓶颈"。只有跟踪世界军事文化发展的前沿,创新发展特色的先进军事文化,形成军事人才队伍的深厚文化底蕴和浓厚文化氛围,才能培育出适应现代战争需要的精兵强将,建设强大的军队和国防。

改革开放特别是党的十六大以来,我军始终把发展先进军事文化作为加强国防和军队建设的重要任务,作为深入贯彻落实科学发展观的一个基本要求,按照胡锦涛主席关于大力发展先进军事文化的指示要求,丰富内容,创新形式,拓展途径,推动文化建设不断取得新的发展进步。坚持不懈地用党的创新理论武装部队,坚决贯彻党对军队绝对领导的根本原则和制度,打牢了官兵高举旗帜、听党指挥、履行使命的思想政治基础;大力培育当代革命军人核心价值观,弘扬我军特有的革命精神,为官兵团结奋斗提供了强大精神力量;牢牢把握为人民服务、为社会主义服务方向,推出大量弘扬主旋律的优秀文化产品,发挥了先进文化建设的排头兵作用;紧密结合军事斗争准备和进行多样化军事任务实践,加强文化服务和保障,有力促进了部队战斗力提高和各项任务完成;充分尊重官兵主体地位和首创精神,丰富活跃基层文化生活,有效满足了官兵精神文化需求;始终注重继承优良传统与弘扬时代精神相结合,挖掘和培育各具特色的部队文化,形成了蓬勃生动的军事文化建设格局。

3. *发展先进军事文化的现实紧迫性*

当前,我军文化建设既面临许多有利条件,也面临新的挑战。当今世界正处在大发展大变革大调整时期,当代中国进入了全面建设小康社会的关键时期和深化改革开放、加快转变经济发展方式的攻坚时期,文化建设在党和国家全局工作中的重要战略地位更加凸显;意识形态领域斗争尖锐复杂,各种思想文化交流交融交锋更加频繁,西方敌对势力把文化渗透作为对我国实施西化分化战略图谋的重要手段;现代传播技术迅猛发展,文化与科技的融合越来越紧密,网络等新兴媒体对人们思想和行为的影响越来越大;中国特色军事变革进程加快,军事斗争准备不断拓展和深化,部队进行多样化军事任务日益艰巨繁重，对官兵战斗意志和作风的考验更为严峻；我军官兵成分结构不断发生变化，精神文化需求多层次多样化特征更加明显，求知求美、成长成才愿望更加强烈。这些都对巩固思想文化阵地、提升我军文化软实力、推进军事文化创新发展、丰富部队文化生活，提出了新的更高要求。面对新的形势和任务，我军文化建设总体上是适应的，但也存在一些矛盾和问题。我们一定要充分认清大力发展先进军事文化的极端重要性和面临的艰巨任务，切实增强政治意识、机遇意识、责任意识，以更高标准和更有力举措，把先进军事文化建设提高到新的水平，努力走在全社会前列。

二、准确把握发展先进军事文化的总体要求

发展先进军事文化，必须全面贯彻党的十七大和十七届六中全会精神，高举中国特色社会主义伟大旗帜，以马克思列宁主义、毛泽东思想、邓小平理论和"三个代表"重要思想为指导，深入贯彻落实科学发展观，坚持中国特色社会主义文化发展道路，坚持社会主义先进文化前进方向，紧紧围绕国防和军队发展的主题主线，以培育当代革命军人核心价值观为根本任务，以增强部队凝聚力、战斗力为根本目的，以满足官兵精神文化需求为重要着眼点，以改革创新为动力，进一步激发文化创造活力，为国防和军队建设科学发展、有效履行我军历史使命，提供坚强思想保证、强大精神动力、有力舆论支持、良好文化条件。

我军的文化建设，包括理论武装、思想教育、新闻出版、文艺体育以及军营文化等多个方面，是军队思想政治建设的重要组成部分。加强军队文化建设，推动先进军事文化繁荣发展，就要使广大官兵对中国特色社会主义的理想信念更加坚定，践行当代革命军人核心价值观成为自觉追求和行动，思想道德素质和科学文化素质全面提高，部队文化设施装备和条件显著改善，军营文化生活更加丰富多彩，官兵的精神文化需求得到更好满足，有影响的文化产品和精品力作不断涌现，高素质文化人才队伍发展壮大，进一步增强我军文化软实力，为建设社会主义文化强国作出更大贡献。

第一，牢牢把握发展先进军事文化的政治方向。坚持马克思主义指导地位，自觉用中国特色社会主义理论体系武装头脑、指导实践、推动工作。把党对军队绝对领导的根本要求和人民军队根本宗旨贯彻体现到军队文化建设方方面面，坚决抵制"军队非党化、非政治化"和"军队国家化"等错误政治观点影响。认真贯彻党的文化工作方针和政策，旗帜鲜明地弘扬主旋律，始终把社会效益、军事效益放在首位，坚持"为党""姓军"，为兵服务、为战斗力服务和为社

会主义精神文明建设服务的方向不动摇。

第二，紧紧围绕军队建设中心任务推进军事文化建设。军队文化建设的各个方面、各个领域和各项工作，都要聚焦国防和军队建设科学发展的主题，服务加快转变战斗力生成模式的主线，在转变思想观念、凝聚意志力量、激发动力热情、培育战斗精神上，发挥引领激励作用。从推动部队建设、改革和军事斗争准备的丰富实践中挖掘生动素材，确定重大题材，推出精品力作。

第三，坚持把培育当代革命军人核心价值观作为根本任务。以社会主义核心价值体系为指导，坚持用当代革命军人核心价值观引领思想和行为，真正为官兵普遍理解认同、自觉培养践行，切实打牢高举旗帜、听党指挥、履行使命的思想政治基础。

第四，始终着眼促进官兵全面发展，加强基层文化建设。贯彻以人为本理念，发挥官兵在文化建设中的主体作用，坚持文化工作重心向下、文化成果惠及官兵，不断满足官兵日益增长的精神文化需求，全面提高官兵思想政治素质、科学文化素质、军事专业素质、身体心理素质。

第五，积极适应形势任务，推进军队文化建设改革创新。进一步解放思想、更新观念，树立与科学发展观相适应的军事文化发展观，以观念更新引领军事文化创新。遵循文化建设规律指导和开展文化工作，做到把政治性、思想性和艺术性有机统一起来。注重转变文化发展方式，探索创新军事文化建设的内容、形式、方法和制度机制。弘扬革命文化传统和中华优秀文化传统，借鉴社会和国外军队文化建设有益经验，不断增强先进军事文化的时代感、吸引力和感染力。

三、发展先进军事文化的主要任务

推进军事文化繁荣发展，就要牢牢把握发展先进军事文化的政治方向，坚持马克思主义指导地位，认真贯彻党的文化工作方针和政策，切实把党对军队绝对领导的根本要求贯彻体现到军队文化建设的方方面面。要紧紧围绕军队建设的中心任务推进军事文化建设，聚焦主题、服务主线，大力宣传全军部队加强革命化、现代化、正规化建设的丰硕成果，充分展现广大官兵献身使命的精神风貌。要坚持把培育当代革命军人核心价值观作为根本任务，深化中国特色社会主义理论体系武装，强化理想信念和军魂教育。要始终着眼促进官兵全面发展，加强基层文化建设，坚持面向官兵繁荣军事文化创作，继续实施文艺精品工程，为部队也为全社会提供更多更好的精神食粮。各级党委要切实肩负起领导军事文化建设的政治责任，注重研究解决军事文化建设面临的新情况新问题，加强文化人才队伍建设和文化领域领导班子建设，不断提高军队文化建设科学化水平，为推动社会主义文化大发展大繁荣作出积极贡献。

首先，坚持弘扬主旋律创作生产更好更多精神文化产品。坚持弘扬主旋律，是我军宣传文化工作的优良传统，也是军事文化创作生产取得显著成绩的根本经验。当前，面对意识形态领域的复杂斗争，面对社会思想文化的多元多样多变，我们更要旗帜鲜明地弘扬主旋律、坚持高格调，在多元中立主导、在多样中谋共识、在多变中把握正确方向，充分发挥先进军事文化引领风尚、教育官兵、服务社会、推动发展的作用。

其次，围绕强化精神支柱深入持久培育当代革命军人核心价值观。价值观是文化的内核。发展先进军事文化，必须紧紧抓住培育当代革命军人核心价值观这个重要基础工程。军队政治理论研究、军事新闻宣传、军事文艺创作和军营文化建设等，都要围绕胡锦涛主席提出的“忠诚于党、热爱人民、报效国家、献身使命、崇尚荣誉”五个方面来谋划展开，形成鲜明导向，充分彰显先进军事文化深刻的思想道德内涵，发挥先进军事文化的教育熏陶作用。

再次，紧贴使命任务加强军营文化建设。军营文化是官兵接受文化熏陶、参与文化创造的重要平台，是发展先进军事文化的重要基础，对促进官兵全面发展、增强部队凝聚力具有不可替代的作用。要扎根军事斗争准备和部队现代化建设沃土，面向基层，面向官兵，大力发展军兵种和部队特色文化、军队仪式文化、健康向上的网络文化、形式多样的战地文化，广泛开展群众性文化活动。

最后，建设与发展先进军事文化相适应的高素质文化人才队伍。发展先进军事文化，队伍是基础，人才是关键。军队文化建设之所以能取得丰硕成果，在社会上产生广泛影响，关键是有一批优秀人才、名人名家。在高层次专业文化人才培养上，积极组织参加国家“四个一批”人才培养工程和文化名家工程，建立军队重大文化项目首席专家制度，积极扶持资助具有潜力的优秀中青年文化骨干，造就更多在国内外有重大影响的领军人物。在基层文化人才队伍建设上，进一步完善选拔、培训、使用、保留机制。通过这些措施，加快建设一支德才兼备、作风过硬、结构合理、适度规模的军队文化人才队伍，为发展先进军事文化提供有力人才支撑文化活动，提高军营文化建设水平。

四、大力发展先进军事文化的着力点

加强先进军事文化建设，是一项长期的战略任务，要紧紧抓住先进军事文化建设的着力点，积极推动先进军事文化的繁荣发展。

1. 保持我军的高度团结统一是发展先进军事文化的关键

高度团结统一，是我军战胜强敌和各种困难的基本条件，是先进军事文化的鲜明特质。保持我军高度团结统一既体现了先进军事文化建设的内在规律，又抓住了发展先进军事文化的关键。

我军历来以良好的内部关系著称于世。官兵之间、上下级之间、同志之间情同手足，亲如兄弟，患难与共，生死相依。无论是战争年代还是和平时期，坚强的团结、高度的统一都是我们克敌制胜的法宝。保持高度团结统一，既是先进军事文化形成的基础，又是先进军事文化发展的动力。正是体现人民军队性质宗旨、职能任务和历史传统的先进军事文化，把我军始终凝聚在党的旗帜下，为人民的利益而不懈奋斗，成为听党指挥、服务人民、英勇善战的威武之师、文明之师、胜利之师。

我军的团结统一，因为经受先进军事文化的不断洗礼而日益牢固；我军的文化建设，因为致力于高度团结统一的崇高目标而日益繁荣。从某种意义上说，我军先进军事文化的发展史，就是一部高度团结统一的胜利史。

先进军事文化凝结着我军官兵共同的信仰信念、目标追求和高尚的伦理道德，能够产生强烈的认同感和向心力，把官兵凝聚成高度团结统一的战斗集体。先进军事文化所蕴涵的爱国主义、集体主义和革命英雄主义，能够激发大无畏的英雄气概和持续旺盛的战斗意志，把部队锻造成无坚不摧的钢铁力量。在新的历史条件下，我军所处的时代条件、社会环境和官兵成分结构等发生了很大变化，各种思想相互激荡，各种矛盾日益凸显，价值追求趋于多样，利益需求更加多元，巩固发展良好的内部关系面临全新挑战。随着科学技术的突飞猛进，武器装备现代化程度越来越高，军事专业分工越来越细，协作面越来越广，对部队的组织性、协调性、准确性和纪律性要求越来越高。所有这些，都促使我们必须坚持把培育和发扬紧密团结的集体主义精神作为军事文化建设的一项重要任务，努力构建纯洁健康的内部关系，确保部队高度稳定和集中统一。

团结统一出战斗力，出凝聚力，出向心力。坚持把保持我军高度团结统一作为发展先进军事文化的重要着力点，就要充分发挥先进军事文化统一官兵思想、凝聚军心士气、协调内部关系的重要作用，增强官兵对部队的认同感、归属感和集体荣誉感；大力发掘先进军事文化蕴含的重视团结的精神资源，巩固和发展我军团结、友爱、和谐、纯洁的内部关系；引导官兵自觉以集体利益和全局利益为重，珍视和维护集体荣誉，同心同德为党和军队事业而奋斗。

2. 培育当代革命军人核心价值观是发展先进军事文化的根本任务

正确的价值观是先进文化的内核，先进文化以弘扬崇高价值为使命。大力发展先进军事文化，必须坚持把培育当代革命军人核心价值观作为根本任务。

当代革命军人核心价值观，作为建设社会主义核心价值体系的重要内容，深刻阐述了我军官兵最基本、最核心的价值观念，全面界定了我军官兵与党、人民、国家、军队的关系，鲜明体现了我军优良传统、时代发展要求、官兵价值追求的统一，为我军文化建设提供了根本指南，注入了强大动力。坚持把培育当代革命军人核心价值观作为根本任务，发展先进军事文化就有了深刻的政治意蕴和丰富的时代内涵。

军人核心价值观是军事文化的灵魂，不仅决定着军事文化的发展方向，而且决定着军事文化的感召力和影响力。当代革命军人核心价值观提出以来，受到全军上下高度认同，得到社会各界广泛赞誉，充分发挥了先进军事文化的引领和辐射作用。在社会主义市场经济和社会信息化深入发展、军队现代化建设步伐不断加快、官兵精神文化需求日益增长的新形势下，要始终保持我军军事文化的先进性，必须用当代革命军人核心价值观引领军事文化建设。只有这样，才能坚持军事文化繁荣发展的正确方向，更好地为提高部队战斗力服务；才能充分发挥先进军事文化的育人功能，促进官兵的全面发展；才能有效增强我军软实力，塑造和展示我军威武之师、文明之师、和平之师的形象。

坚持把培育当代革命军人核心价值观作为发展先进军事文化的根本任务，也是履行历史使命的必然要求。当代革命军人核心价值观从根本上回答了“为谁当兵、为谁打仗”的问题，是军人履职尽责的思想基础和动力源泉。新世纪新阶段，我军担负的任务更加繁重、所处的环境更加复杂、面临的考验更加严峻。特别是遂行多样化军事任务迫切需要我们具有世界眼光、战略思维、科学精神、创新意识和人文关怀，需要丰厚的文化作支撑。只有坚持把培育当代革命军人核心价值观作为根本任务，适应军队现代化建设的要求，推进军事文化创新发展，才能用更多更好的文化成果，激励官兵忠于使命、献身使命、不辱使命。

坚持把培育当代革命军人核心价值观作为发展先进军事文化的根本任务，就要继续强化教育引导，创新方式方法，健全制度保障，进一步把培育当代革命军人核心价值观融入文化建设全过程、军队建设各领域，体现到军队精神文化产品创作生产传播各方面，切实把当代革命军人核心价值观的要求转化为广大官兵的自觉行动。要加强官兵思想道德建设，坚决抵制腐朽思想文化和生活方式的侵蚀，坚守革命军人纯洁的道德追求，筑牢官兵精神支柱，把官兵培养成为忠诚于党、热爱人民、报效国家、献身使命、崇尚荣誉的新时代革命军人。

3. 紧贴时代要求创新发展是推动先进军事文化发展的不竭动力

军事领域是最具创新的领域，军事文化更是须臾离不开创新。军事创新越深入，对文化创新的需求就越强烈。我军独具特色的文化发展之路是在创新中走出的，我军魅力四射的先进文化品格是在创新中形成的。没有创新，就没有军事文化蓬勃生动的崭新局面；没有创新，就没有军事文化繁荣发展的光明前景。

文化是时代的号角。文化创新发展的过程，就是不断回答时代和实践提出的新课题的过程。军事文化创新越是紧贴时代要求、反映时代特征，越能引领社会风尚；军事文化创新越是紧密结合军事实践、具有我军特色，越能满足官兵需求。新世纪新阶段，反映时代特征、具有我军特色的先进军事文化，就是要推动当代革命军人核心价值观更加深入人心，我军听党指挥、服务人民、英勇善战的优良传统得到传承和发扬，官兵综合素质不断提高，部队文化设施装备和条件显著改善，军营文化生活更加丰富多彩，适应人民群众和部队官兵需要的文化产品不断涌现，高素质文化人才队伍发展壮大。紧紧围绕这些目标和要求创新发展先进军事文化，我军文化建设才能更好地体现时代性、把握规律性、富于创造性。

当今世界，文化赖以生存和发展的物质基础、社会环境和传播条件都发生了深刻变化，我军文化建设既面临许多有利条件，也面临新的挑战。文化领域竞争特别是意识形态领域斗争尖锐复杂，部队遂行多样化军事任务日益艰巨繁重，官兵精神文化需求多层次多样化特征更加明显，文化与科技的融合越来越紧密，网络等新兴媒体对官兵思想和行为的影响越来越大。坚持紧贴时代要求创新发展先进军事文化，丰富部队文化生活，巩固思想文化阵地，提升我军软实力，显得尤为重要和紧迫。

时代呼唤文化创新，实践需要文化创新。坚持紧贴时代要求创新发展先进军事文化，就要进一步拓宽文化视野，大力推进军事文化内容形式、体制机制、传播手段创新，不断赋予先进军事文化新的时代内涵，始终保持先进军事文化的时代性和创造性。要解放思想、更新观念，树立与科学发展观相适应的军事文化发展观，以观念更新引领军事文化创新。要遵循文化建设规律指导和开展文化工作，认真研究探索“以文育人”“以文化人”的有效形式和方法，让官兵在文化的熏陶中启迪心灵、陶冶情操、激发动力。要注重转变文化发展方式，坚持并不断完善文化创新的成功经验和做法，努力把我军文化建设提高到一个新水平。

4. 坚持走具有我军特色的军事文化发展之路

文化是一个民族的精神和灵魂，也是一支军队的精神和灵魂。建设和发展什么样的军事文化，决定着军队的前途和未来。

我军在长期的奋斗中，创造形成了特色鲜明的军事文化，也走出了一条独具特色的军事文化发展之路。这种以马克思主义为指导、具有我军特色的先进军事文化，是人民军队最可宝贵的精神财富，是体现我军性质宗旨、职能任务、历史传统的文化形态，是提高我军战斗力的重要因素和滋养官兵的精神沃土，是社会主义先进文化的重要组成部分。近年来，全军按照胡锦涛主席关于大力发展先进军事文化的重要指示，狠抓党的创新理论武装，大力培育当代革命军人核心价值观，积极发展特色鲜明的军营文化，努力创作高品位军事文化产品，有力地促进了部队建设科学发展，促进了各项任务的圆满完成。实践证明，坚持走具有我军特色的文化发展路子，对于永葆我军性质宗旨和政治本色，对于激发官兵战斗精神、保持部队昂扬士气、巩固和提高部队战斗力，对于陶冶官兵情操、提高官兵素质、促进官兵全面发展，都具有不可替代的重要作用。

我军的文化建设，包括理论武装、思想教育、新闻出版、文艺体育以及军营文化等多个方面，是思想政治建设的重要内容。大力发展具有我军特色的先进军事文化，就是要推动当代革命军人核心价值观更加深入人心，我军听党指挥、服务人民、英勇善战的优良传统得到传承和发扬，官兵综合素质不断提高，部队文化设施装备和条件显著改善，军营文化生活更加丰富多彩，适应人民群众和部队官兵需要的文化产品不断涌现，高素质文化人才队伍发展壮大，进一步增强我军软实力。这是发展先进军事文化的本质要求，也是检验军事文化建设成效的具体标准。

坚持走具有我军特色的军事文化发展路子，必须准确把握发展先进军事文化的原则和要求。中央军委《关于大力发展先进军事文化的意见》明确指出，大力发展先进军事文化，必须坚持正确的政治方向，坚持服务军队建设中心任务，坚持着力保持我军高度团结统一，坚持促进官兵全面发展，坚持紧贴时代要求创新发展。这"五个坚持"，既互相联系，又有机统一，凝结了我军文化建设的基本经验，体现了先进军事文化最鲜明的特征，把握了我军文化改革发展的特点规律，抓住了军事文化建设的关键和根本，为发展具有我军特色的军事文化进一步指明了方向。

坚持走具有我军特色的军事文化发展路子，必须贯彻落实中央军委《关于大力发展先进军事文化的意见》提出的目标和任务。要始终把保持我军政治本色放在第一位，把铸牢军魂、恪守宗旨贯彻体现到军事文化建设的方方面面，始终坚持军事文化建设的正确方向。要始终把提高部队战斗力作为根本着眼点，紧紧围绕军队职能使命和中心工作来展开。要始终紧贴当代革命军人的特殊要求，体现军事职业特点，继承发扬我军大无畏的革命英雄主义精神，不断深化"爱军精武"的时代内涵，把爱护官兵与培育战斗精神、从严治军、确保一切行动听指挥统一起来，不断提高先进军事文化建设科学化水平。

五、军队院校要引领先进军事文化的创新发展

党的十七届六中全会进一步阐述了先进文化"引领前进方向、凝聚奋斗力量"的重要作用。军队院校作为先进军事文化建设的重要阵地，必须以高度的历史责任感积极引领先进军事文化创新发展。

1. 以高度的文化自觉大力发展先进军事文化

首先，有效履行新时期历史使命的内在需要。"三个提供、一个发挥"是胡锦涛主席科学判断新世纪新阶段国家发展和军队建设所处的历史方位，着眼实现党的三大历史任务赋予我军的神圣历史使命。要全面有效履行这一新使命，必须通过大力加强先进军事文化建设，为思想政治建设奠定重要的文化基础，切实增强官兵的政治意识、大局意识和战略意识，在复杂多变的国际国内新形势下，始终保持清醒的政治头脑，始终保持与党中央、中央军委的高度一致，始终做到胸中有全局、行动有方向。必须通过大力加强先进军事文化建设，为完成多样化军事任务做好充分的知识储备，促使院校官兵抓紧学习、刻苦学习、善于学习、终身学习现代科技特别是军事高科技知识，全面提高能力素质。必须通过大力加强先进军事文化建设，为军事斗争准备提供强大的精神力量，努力锤炼不负重托、不辱使命的精气神，磨砺"首战用我，用我必胜"的顽强战斗意志。

其次，加快转变战斗力生成模式的重要动力。加快转变战斗力生成模式是当前和今后一个时期我军建设和发展的主线。战斗力生成模式的根本转变，有赖于先进军事文化的助推和引领。战争既是物质力量的对抗，也是精神力量和军事文化的较量。自古以来军事文化就是军队战斗力生成提高的核心要素和强大动力，谁拥有更为强大的文化力，谁就更能赢得战争的主动权。现代高技术战争中，对手越是强大，对抗越是激烈，越需要坚定的信念、必胜的信心和健康的心理。文化通过"内化于心、固化于制、外化于行、物化于技"，可以

培养官兵的浩然正气、英雄豪气、昂扬士气，焕发出压倒一切困难、战胜一切敌人的斗志和智慧；可以激发官兵的主观能动性，达成高技术条件下的“以劣胜优”；可以引导官兵汲取先进的军事理论和军事技术，实现人与体制、装备的最佳结合。特别是对于院校来讲，文化力本身就是战斗力，必须更加注重创新发展先进军事文化，以软实力支撑硬实力、用软实力催生硬实力，把软实力变为硬实力。

再次，不断创新军事理论和技术的强大支撑。创新是文化的特性，文化是创新的沃土。任何军事领域的变革都离不开文化的基因。无论军事理论的发展、军事技术的突破、军事组织的调整还是军事训练的改革，首先都是在思想观念更新、思维方式转变的实践过程中实现的。只有通过创新发展先进军事文化，构建起先进的军事价值观念体系、军事思维方法体系、军事组织制度体系和军事理论技术体系，才能萌发创新意识、培育创新能力、激发创新活力、催生创新成果。军队院校作为高素质新型军事人才成长成才的摇篮、军事理论和军事技术创新的基地，文化建设的价值和意义更加凸显。

2. 以正确的政治方向引领先进军事文化建设

首先，坚持把创新理论作为军事文化建设的根本指导。我军军事文化的自觉，历来是以党的理论创新为先导。中国特色社会主义理论体系是党的最新理论创新成果，具有普遍的方法论意义。在新的历史时期，发展先进军事文化，必须认真学习和深刻领会中国特色社会主义理论体系，以理论的高度引领文化实践的深度，进一步解放思想、确立新的文化发展理念。要紧紧围绕国防和军队建设的主题主线，坚持把创新发展先进军事文化作为推动学校改革创新、实现跨越式发展的当务之急；坚持以人为本的核心理念，认真分析全体官兵的文化需求及其动态变化，努力促进官兵全面发展；坚持全面协调可持续的基本要求，切实尊重文化发展的客观规律，系统谋划科学化、长效化和规范化的军事文化建设；坚持统筹兼顾的根本方法，着力破解当前和今后一段时期特别是院校调整改革转型中军事文化建设发展的重大问题和难点问题，全面推进院校建设科学发展。

其次，坚持把铸魂育人作为军事文化建设的首要目标。发展先进军事文化，必须充分发挥其导向功能，切实打牢全体官兵献身国防的思想基础。要铸牢精神支柱，引导官兵正确认识社会发展的客观规律、国家的前途命运、自己的社会责任，进一步坚定对马克思主义的信仰、对中国特色社会主义的信念、对改革开放和现代化建设的信心、对党中央和中央军委的信赖。要强化军魂意识，引导官兵正确认识党对军队绝对领导的必然性、重要性以及各种错误思潮的反动本质和危害,确保在思想上、行动上与党中央保持高度一致,坚决听从党中央和中央军委指挥。要确立人生坐标,引导官兵认清世界军事变革的大势和中国特色军事变革的要求,自觉把捍卫国家主权、安全和领土完整,保障国家发展利益放在高于一切的位置,着力培育敢打必胜、英勇顽强、一往无前、不怕牺牲的战斗精神,树立献身国防、精心育人、强军兴国的价值追求,忠实履行我军历史使命。

再次,坚持把弘扬优良传统作为军事文化建设的核心内容。军事文化建设重在追求和保持先进性。改革开放以来,在经济全球化的大背景下,经济体制的深刻变革、社会结构的深刻变动、利益格局的深刻调整、思想观念的深刻变化,导致社会文化及其蕴含的价值观念日趋多元并对官兵思想行为产生了重要影响。院校军事文化建设更需强化自身的独特魅力和鲜明特色,高扬主旋律,唱响正气歌,打好主动仗,坚决抵制各种庸俗、低俗、媚俗倾向,以榜样和典型的示范力量引领校风、教风、学风,用优秀的传统文化产品和丰富的校园文化活动,生动反映我军官兵如火如荼的军旅生活,大力弘扬血与火洗礼中展现出来的革命英雄主义精神,深情讴歌当代官兵无私奉献的高尚情怀和思想境界,激励官兵树立崇高的精神追求和良好的道德风尚。

3. 以科学的创新举措助推先进军事文化建设

第一,不断创新先进军事文化建设的内容体系。在价值维度上注重把价值导向和价值创造有机统一起来,大力培育当代革命军人核心价值观,大力倡导尚武精神和武德意识,大力激发爱军习武的荣誉感和使命感,在引导官兵正确选择主流价值的同时,进一步充分发挥院校的文化创造功能,努力塑造代表先进军事文化前进方向的价值取向。在空间维度上把微观细节和宏观视野有机统一起来,既注重校园文化建设,又突破将军事文化局限于校园文化的习惯认知,将军事文化建设置于世界文化发展的大格局、中国特色社会主义建设的大环境和世界军事变革的大背景中,构建先进军事文化建设的时代坐标,努力拓展提升院校先进军事文化建设的领域和层次。在时间维度上把文化继承和文化创新有机统一起来,努力增强先进军事文化发展的时代性。

第二,不断创新先进军事文化建设的方法手段。要营造校园军事文化氛围,大力建设校园雕塑、励志格言、英模塑像、校史展馆等文化设施,广泛开展战备周、条令月和升旗、阅兵等活动,强化环境对官兵潜移默化的影响。要整合专业教育文化功能。高度重视教育教学在院校军事文化建设中的主阵地、主渠道作用,充分发掘专业教育教学中蕴含的军事文化要素,通过显形专业课程塑造和拓展隐形军事文化,形成文化建设合力。促进网络文化健康发展。

不断完善负面信息的有效预警、管控和处置，发挥技术手段防范作用，确保网络信息安全有序传播；积极强化网络文化产品和服务供给，大力加强网络热点问题引导，着力培育文明理性的网络舆论环境，善于利用网络传播手段和网络语言传递主流价值，充分利用网络中蕴藏的巨大文化创造活力推动先进军事文化繁荣发展。

第三，不断创新先进军事文化建设的制度机制。制度机制带有根本性、全局性和稳定性，发展先进军事文化建设离不开制度机制的刚性保障。必须着眼院校军事文化建设的目标要求、内容方法和特点规律，注重从制度机制上解决制约军事文化建设发展的深层次矛盾和主要问题，深入改革院校行政管理、教学科研体制，构建党委科学决策、部门积极协同、教管学密切联动的良好体制环境；逐步健全军事文化建设投入保障机制、人才成长激励机制、人才合理流动机制、成果评价认定机制，形成有利于先进军事文化创新的政策导向和良好的育人氛围；积极拓宽先进军事文化成果的转化平台和传播辐射渠道，创新推动先进军事文化的共享交流、共同繁荣。

参考文献

[1] 胡锦涛. 中共中央关于深化文化体制改革、推动社会主义文化大发展大繁荣若干重大问题的决定[M]. 北京:人民出版社,2011.

[2] 教育部中国特色社会主义理论体系研究中心. 吹响文化大发展大繁荣的时代号角[N]. 光明日报,2011-11-03.

[3] 刘云山. 努力建设社会主义文化强国[N]. 人民日报,2011-10-28.

[4] 人民日报评论员. 迈向文化强国的重大战略[N]. 人民日报,2011-10-28.

[5] 许嘉璐. 漫谈"文化强国"战略[N]. 北京日报,2011-11-03.

[6] 任仲平. 文化强国的"中国道路"——论推动社会主义文化大发展大繁荣[N]. 人民日报,2011-10-15.

[7] 秦杰,李亚杰,卫敏丽,等. 向社会主义文化强国阔步前行——《中共中央关于深化文化体制改革、推动社会主义文化大发展大繁荣若干重大问题的决定》诞生记[N]. 人民日报,2011-10-27.

[8] 张雄. 建设社会主义文化强国的战略意义[N]. 文汇报,2011-10-26.

[9] 周玮,黄小希,自瀛. 党的十六大以来我国文化体制改革成就综述[OL]. 新华网,2011-10-12.

[10] 闻政. 奋斗的足迹,光辉的历程——改革开放30年中国文化建设回顾[J]. 党建研究,2009(1).

[11] 蔡武. 辉煌的成就,宝贵的经验[N]. 人民日报,2011-11-04.

[12] 吴潜涛. 社会主义核心价值体系的科学内涵[J]. 道德与文明,2007(1).

[13] 李崇福. 建设社会主义核心价值体系从观念到现实的思考[J]. 江西社会科学,2007(2).

[14] 武铁传. 我国文化"软实力"存在问题及提升路径探析[J]. 理论前沿,2009(7).

[15] 刘晓玲. 社会主义核心价值体系在国家文化软实力建设中的地位[J]. 高校理论战线,2008(5).

[16] 廖广莉,谢洪波. "十二五"时期我国文化产业发展建议[J]. 宏观经济管理,2011(7).

[17] 杨吉华. 2010年我国文化产业发展述评[J]. 广东行政学院学报,2011(6).

[18] 张爱华.构建文化产业创新体系　推进我国文化产业发展[J].产业与科技论坛,2010(10).

[19] 黄灿艺.浅析我国文化产业发展存在的问题[J].山东纺织经济,2011(3).

[20] 朱筱新.中国传统文化[M].北京:中国人民大学出版社,2010.

[21] 谭家健.中国文化史概要[M].北京:高等教育出版社,1997.

[22] 姜加林.构建现代国际传播体系[M].北京:外文出版社,2011.

[23] 张志军.推动中华文化走向世界[N].光明日报,2011-10-28.

[24] 陈德铭.提高文化开放水平,推动中华文化走向世界[N].经济日报,2011-11-14.

[25] 孙志军.加快推动文化产业成为国民经济支柱性产业[N].时事报告,2011-11-12.

[26] 史智忠,杨太康.创新:生产力解放和发展的灵魂[M].西安:陕西人民出版社,2001.

[27] 郭树勇.战略演讲录[M].北京:北京大学出版社,2006.

[28] 钟家栋.重铸中国魂[M].上海:复旦大学出版社,2001.

[29] 夏兴有.建设有中国特色社会主义文化[M].上海:解放军出版社,2003.

[30] 罗文东.中国特色社会主义文化理念论[M].上海:中国法制出版社,2003.

[31] 中央文明办.社会主义精神文明建设概论[M].北京:人民出版社,2005.

[32] 李继耐.不断开创先进军事文化建设新局面[N].解放军报.2011-11-01.

[33] 许耀元.大力发展先进军事文化[N].光明日报.2012-01-16.